LA FIANZA JUDICIAL Y EL

SEGURO DE CAUCIÓN PENAL

EN MÉXICO

…... ¿Porqué?

y como entenderlos

MANUEL MOLINA BELLO

Copyright 2024

INTRODUCCIÓN

¿Porqué? y como entender las garantías judiciales. Hasta ahora no existía literatura sobre la fianza judicial y el seguro de caución penal, la primera tiene muchos subramos que atender y se clasifican por materias como son Civil, Mercantil, Penal, Familiar, Laboral, Amparo, etc., mientras que el seguro de caución penal adopta todas las características de la fianza penal, incluyendo el procedimiento de reclamación de la fianza o el certificado de caución.

Las garantías judiciales son derechos que protegen a las personas sometidas a un procedimiento legal ante una autoridad competente. Estas garantías se refieren a las exigencias derivadas del debido proceso legal, así como del derecho de acceso a la justicia. En el Sistema Interamericano, las garantías judiciales se refieren a todos aquellos derechos que tienen como finalidad la protección de la persona que se encuentra sometida a un procedimiento legal.

El libro puede ser de utilidad al público en general y en específico a estudiantes, funcionarios de Instituciones de Seguros y Fianzas, Académicos y en general a los funcionarios del Poder Judicial en todos los niveles.

ÍNDICE

Capítulo Cuarto

Capítulo Quinto

CAPITULO PRIMERO

I.   ORÍGENES DE LA FIANZA

A)   EN LA ANTIGÜEDAD

Como es conocido, la Fianza nace en el Universo Jurídico, muchos siglos antes de nuestra era, en tal virtud analizaremos los antecedentes más remotos y trascendentales de la figura jurídica en cuestión, los cuales sirvieron de base para su perfeccionamiento.

El antecedente más remoto de la Fianza es una "Inscripción que asemeja a un Contrato de Fianza descubierto en una tablilla de la Biblioteca de Sargón I de Akkad, Rey de Sumer y Akkad, aproximadamente en los años 2568 a 2513 AC.[1]

B)   EN BABILONIA

Otro antecedente lo tenemos consagrado en el "Código de Hammurabi, promulgado por él mismo durante su reinado en el año 1730 A.C., cuando mando grabar estelas de piedra para repartirlas por las capitales de su imperio para el mayor conocimiento de sus leyes."[2]

---

1 Zamora Chávez Ignacio L.A.E. "La Importancia de la Fianza en Póliza en la Administración Financiera", Tesis Profesional, México,1973, Pág. 6.

2 Código de Hammurabi, Editora Nacional, Madrid 1983, Pág. 19

1

Hasta 1947 de nuestra era, todavía se creía que el Código de Hammurabi era el más antiguo de la humanidad; pero actualmente se ha demostrado que lo es el Código de Lipit-Ishtar, creado en el año 1934 - 1924. A.C."[3], este instrumento jurídico es predecesor del Código de Hammurabi, pues en muchas partes se corresponden casi palabra con palabra. En ambos Códigos se manifiesta una forma de Fianza o Contrato de Garantía, principalmente en la reglamentación de los esclavos, los cuales eran considerados como un objeto propiedad del dueño, quien podía matarlo sin consideración alguna, lo mismo que entregarlo en prenda o garantía de una deuda.

C)   EN EGIPTO

En esta gran ciudad, también encontramos ciertas manifestaciones de la Fianza, manifestaciones que surgen como formas de garantizar determinadas obligaciones, tal es el caso de los tratados internacionales, tales como el que celebran para contraer matrimonio los Reyes y Princesas de diferentes pueblos, para garantizar la amistad.

Así pues, "en el año 1280 A.C., en el Gobierno de Ramsés III, Egipto y Atti llegaron a celebrar un tratado de Buena Paz y Hermandad, que creó una alianza defensiva, texto que fue grabado en dos charolas de plata, una de ellas se colocó a los pies del dios de las tormentas de los hititas y la otra a los pies de Ra en Egipto, ambos reyes dieron juramento de cumplimiento ante sus dioses, con lo cual este tratado se convirtió en *garantía eficaz de respeto al pacto* [4].

---

3 Ídem.

4 Guier Enrique. "Historia del Derecho" Tomo 1, Editorial Costa Rica, San José, 1968, Pág. 157.

El tratado fue creado en cinco grandes capítulos, los cuales se resumen cómo sigue:

La primera parte se refiere más que nada a una introducción histórica, hace alusión a las guerras entre ambos pueblos y garantiza que los monarcas del momento de esos países mantengan la paz entre ellos y hablan del intercambio de charolas de plata en que está grabado el pacto.

La segunda parte específicamente contiene las garantías mutuas de no agresión. la tercera parte del pacto señala la obligación en que se encuentran ambos países de socorrerse si alguna potencia los amenazase con invasiones.

La cuarta sección contiene una minuciosa reglamentación sobre el intercambio de políticos refugiados.
Por último, la quinta parte del tratado se refiere al juramento del pacto ante sus dioses, a los cuales consideraban como sus fieles testigos para *respetar la garantía de paz.*

D)   EN LA INDIA

Encontramos otro antecedente de la Fianza, consignado en las Leyes de Manú, expedidas el año 1280 al 800 A.C., y que están formadas por doce libros que reglamentaban el derecho tanto público como privado, regulándose la Fianza en Leyes Civiles "Aspectos Hereditarios (Libro IX)"[5], así como en la conducta de los Reyes y de la Casta Militar (Libro VII).[6]

---

5 Leyes de Manú, Editorial Bergua, Madrid, Pág. 214,

6 Ídem. Pág. 146.

E)   EN ISRAEL

En este país la Fianza fue conocida en el año 922 A.C. y prueba de ello la encontramos en la "parábola del Rey Salomón; que a la letra dice: *Cualquiera que se convierta en fiador de un extraño tendrá que arrepentirse"* [7].

En la actualidad, el rey Salomón estaría equivocado totalmente toda vez que, de conformidad con el artículo 168 de la Ley de Instituciones de Seguros y de Fianzas, precepto que consagra algunas de las formas en que una institución fiadora puede obtener cabalmente las garantías de respaldo, mismas que soportan a la obligación garantizada, si la Institución hace algún pago al beneficiario de la fianza, es decir tiene cabalmente garantizado el procedimiento de recuperación o de reembolso ante el incumplimiento del fiado.

F) EN ATENAS

"En el año 621 A.C. las clases gobernantes se convencieron de iniciar una reforma sustancial, tanto a la constitución como a las leyes de Atenas, [8] escogiéndose a Dacrón para que fungiera como Legislador extraordinario.

El código que promulgó Dacrón fue y ha sido sinónimo de severidad y dureza y los resultados que se esperaban de las reformas de él no fueron idóneas, ocasionando que la situación social existente en ese momento continuara empeorando y la realidad económica y jurídica de los deudores Insolventes se grababa día a día", "*El dinero se alquilaba con garantía de la persona y los deudores morosos iban a parar sin duda a la esclavitud*" [9]

---

7 D'Aguanno José, Génesis y evolución del derecho, Editorial Impulso, Buenos Aires, 1943 pág. 191

8 Guier, Enrique, ob. cit., pág. 296

9 Dekker René, El derecho privado de los pueblos, Editorial Revista de Derecho Privado, Madrid 1957, pág. 23.

Se notaba que las reformas draconianas, tan crueles iban encaminadas proteger a los poderosos y sus derechos de propiedad, en consecuencia, en el año 594 A.C. se realizaron unas nuevas reformas a cargo de Solón, *"quién prohibió todo préstamo de dinero o cualquier otro objeto con garantía de persona"* [10]

G) EN ROMA, ÉPOCA CLÁSICA

La Fianza ya se configuraba como tal y se deriva de uno de los contratos más trascendentales de la época. llamado "Stipulatio, que se caracterizaba por ser un contrato *verbis de garantía,* y se perfeccionaba con el uso de ciertas fórmulas verbales" [11], era considerado como un contrato accesorio de garantía, que necesitaba de una obligación válida principal para existir, como ocurre hoy en día.

"La fianza estipulatoria se definía como un contrato mediante el cual una persona (fiador) se obliga a cumplir en el caso de que otra persona (fiado), sujeto pasivo de una obligación garantizada por la fianza, no cumpla". [12] Este concepto de fianza era muy avanzado para esa época, pues es muy similar al encontrado en el Código Civil actual en México.

Ahora bien, en Roma existieron tres formas de garantizar una obligación, mediante el intercambio de una pregunta y una contestación, que eran la sponsio, la fideipromissio y la fideiussio.

---

[10] ídem

[11] Bravo, González Agustín, Segundo curso de derecho romano, Editorial Pax-Mex, México, 1975 pág. 99.

[12] Floris Margadant Guillermo, Derecho privado romano, Editorial Esfinge, México, 1974. pág. 365

La sponsio

Correspondía a una promesa con matices religiosos [13] celebrada por personas que se dedicaban exclusivamente al culto religioso, algo que no podía ser utilizado por los peregrinos (el que va de paso).

La fideipromissio

Tal institución surge como una evolución de la anterior, ya que en ésta se permitía celebrar dicho contrato con extranjeros. [14] además de esta figura, surgen ciertos beneficios para el fiador, gracias a diversas leyes, como la Lex Apuleya, la Lex Furia, la Lex Cicereia, y la Lex Cornelia, esta última a fines de la época de la república. [15]

La fideiussio

También *contrato verbis de garantía,* esta institución surgió gracias a Justiniano, quien introdujo otro beneficio en favor de los fiadores, llamado *Beneficium Excusionis,*[16] consistente en que el fiador podía exigir que el acreedor persiguiera primero al deudor, antes de dirigirse a él, para la exigibilidad de su obligación como garante.

Las tres figuras anteriores se perfeccionaban con el intercambio de preguntas y contestaciones y promesas de cumplir una obligación principal ante sus dioses, por ejemplo, el acreedor Tulio cuestionaba -*Marco ¿prometes que pagarás por Vinicio siendo deudor principal, si no me paga en tal fecha?, Marco siendo el fiador, contestaba: "Respondo", ante el Acreedor –*

---

[13]Floris Margadant, Guillermo, ob. cit., pág. 387

[14] ídem.

[15] Petit, Eugene, Tratado elemental de derecho romano, Editorial Nacional, México, 1969 pág. 359.

[16]Floris Margadant, Guillermo, ob. cit. pág. 388

Por otro lado, en la misma Roma, en el catastrófico siglo III D. C., cuando cayó el Imperio Romano de Occidente, se reglamentó el principal de los derechos reales, *la propiedad*; así se estableció que todo propietario podía protegerse de los daños que le amenazaban desde otras propiedades (la introducción de humo, fuego, agua, casas o árboles que estaban por caerse, etc.), pidiendo al pretor que obligara a su vecino a otorgar una *fianza que garantizara el pago del posible siniestro*. Este tipo de fianza se conocía con el nombre de *Cautio damni infecti.*[17] Si se verificaba el daño temido, con la evidente culpa o dolo del vecino, éste tenía que responder por el perjuicio ocasionado; en cambio, si el daño era producido por fuerza mayor, el perjudicado no tenía derecho a formular reclamación alguna.

Tanto en los tiempos remotos de Roma como hoy día, existen dos tipos de garantías: reales y personales. [18]—Las primeras son la prenda y la hipoteca, *derechos reales de garantía;* de lo anterior se desprende que en tiempos clásicos de Roma eran muy usuales y más eficaces que la garantía personal, como lo era la fianza, pues para la celebración de un contrato, el deudor podía garantizar el pago de las prestaciones mediante prenda o hipoteca y, ante el incumplimiento del contrato, el acreedor se allegaba los bienes dados en garantía, para sí o para venderlos y del producto de esa venta se cobraba la deuda.

Por otra parte, las garantías personales, [19] **la *fianza*** *servía para garantizar un crédito* y eran preferidas por la práctica jurídica, ya que con este tipo de garantía no existía un desposeimiento de un derecho real perteneciente al deudor, sino que la garantía era la solvencia de un tercero que respondía ante el incumplimiento del deudor.

---

[17] Petit, Eugene, ob. cit. pág. 335

[18] Ventura Silva, Sabino, Derecho romano, Editorial Porrúa, México, 1980, pág. 199.

[19] Floris Margadant, Guillermo, ob. cit., pág. 149.

Sin embargo, el procedimiento de cobro era más difícil que en el caso de las garantías reales aludidas. Cuando un deudor incumplía con la obligación garantizada por la fianza, el acreedor requería en primer término al deudor y, ante la persistencia de incumplimiento, requería al fiador, quien debía cubrir el importe de la deuda. En esta hipótesis surgía la figura de la subrogación, ya que el fiador, al dar cumplimiento a la obligación garantizada, se convertía en nuevo acreedor del deudor principal.

En tal supuesto, el nuevo acreedor privaba de la libertad a su deudor y lo llevaba a su cárcel privada, con lo cual ejercitaba una figura jurídica de la época, llamada *Manus Iniectio* [20] , consistente en que el acreedor exhibía a su deudor con las manos en el cuello por las plazas públicas, avenidas principales, etc., a fin de que algún conocido del citado deudor respondiera por la deuda. Este acto se repetía tres veces, de modo que se exhibía al reo una vez cada 20 días, haciendo un total de 60 días. Si nadie respondía por el deudor en ese lapso, el acreedor podía vender al multicitado deudor en el país de los etruscos y con el producto de la venta se cobraba la deuda, o podía matarlo. Si eran varios los acreedores, se repartían de forma proporcional el producto de la venta o el cadáver. "Este caso fue comprendido por la Lex Publilia" [21], posterior a la ley de las Doce Tablas romanas.

En el 326 A. C, este duro sistema fue atacado severamente por *La Lex Poetelia Papiria*, [22] debido a una victoria de los pobres sobre los ricos, en la cual se suprimió el encarcelamiento privado por deudas civiles; así se dejó subsistente hasta la actualidad, principio consagrado en nuestra Constitución Mexicana de 1917, cuyo Art. 17, Párrafo Octavo, manifiesta: "Nadie puede ser aprisionado por deudas de carácter puramente civil"

---

[20] Ventura Silva, Sabino, ob. cit., pág. 407.

[21] ídem, pág. 335

[22] ídem, pág. 267.

Principio aún no reconocido por todas las Legislaciones civilizadas como es el caso de Inglaterra, que todavía permite que un deudor pueda ir a la cárcel por incumplimiento del pago de deudas civiles.

Sobre este respecto y a mayor abundamiento, *"Conforme al octavo párrafo del artículo 17 Constitucional, las deudas de carácter civil no pueden dar lugar a una pena privativa de la libertad. Este derecho fundamental se encuentra también previsto en el artículo 11 del Pacto Internacional de Derechos Civiles y Políticos, que al referirse a las obligaciones que nacen de una relación contractual establece que: «[...] nadie será encarcelado por el solo hecho de no poder cumplir una obligación contractual».*

Esta garantía individual parte de la premisa de que es necesario distinguir las conductas que generan exclusivamente el surgimiento de «deudas de carácter civil» —que no pueden ser sancionadas con penas privativas de la libertad— y aquellas conductas antisociales catalogadas como delictivas en la legislación penal, que sí pueden ser sancionadas con penas privativas de la libertad. Sin embargo, en la práctica no ha sido tan sencilla dicha distinción.

Por ejemplo, existen ciertas instituciones que, si bien prevén la privación o restricción de la libertad en relación con ciertos adeudos, no constituyen una violación al artículo 17 Constitucional, según han resuelto nuestros tribunales.

En primer lugar, tenemos a las medidas de apremio, que se encuentran reguladas en diversos ordenamientos estatales y federales y cuyo objeto es que los juzgadores puedan hacer efectivas sus determinaciones, que incluyen, además de las imposiciones de penas económicas, la aplicación de arrestos administrativos, artículo 3 del Código de Procedimientos Civiles del Distrito Federal, hoy Ciudad de México y artículo 1067 bis del Código de Comercio.

Al respecto, los tribunales federales han sostenido que el arresto como medida de apremio en un juicio civil no constituye una violación al octavo párrafo del artículo 17 constitucional, pues proviene del incumplimiento de un mandato judicial, mas no de la omisión en el pago de una deuda de carácter civil. En todo caso, se ha establecido que la privación de la libertad como medida de apremio solo puede considerarse inconstitucional cuando exceda las 36 horas contempladas en el artículo 21 de la Carta Magna. VII.1o. C. J/7 (9ª.) «Arresto como medida de apremio. No es violatorio de los artículos 17, 21 y 22 constitucionales.

Por otra parte, cabe destacar que el Pleno de la SCJN ha confirmado que la privación de la libertad por el libramiento de cheques sin fondos (delito previsto en el artículo 387 del Código Penal Federal), tampoco vulnera el párrafo octavo del artículo 17 constitucional, no obstante que su origen provenga de relaciones comerciales particulares, puesto que el «precepto no sanciona el incumplimiento de la obligación civil de pago, sino la conducta del sujeto encaminada a obtener un lucro indebido o procurarse ilícitamente de una cosa mediante el engaño . CHEQUE SIN FONDOS. EL ARTÍCULO 387, FRACCIÓN XXI, DEL CÓDIGO PENAL PARA EL DISTRITO FEDERA, hoy CDMX NO ES VIOLATORIO DEL ARTÍCULO 17 CONSTITUCIONAL, PUES NO ESTABLECE UNA PENA DE PRISIÓN POR DEUDAS DE CARÁCTER CIVIL). Por último, nos referiremos a la pena privativa de la libertad contemplada en el artículo 108 del Código Fiscal de la Federación, que castiga la obtención de un beneficio producto de una defraudación en perjuicio del Fisco Federal. En ese supuesto, la Primera Sala de la SCJN ha determinado que tal pena privativa de libertad tampoco contraviene lo dispuesto en el octavo párrafo del artículo 17 constitucional debido a que la «deuda que pudiera resultar de la comisión de ese delito es de carácter público, además de que el bien jurídicamente tutelado es el patrimonio del fisco federal». Por lo tanto, no se trata, estrictamente, de deudas de «carácter civil». 1a. X/2004 (9ª.) «DEFRAUDACIÓN FISCAL. EL ARTÍCULO 108 DEL CÓDIGO FISCAL DE LA FEDERACIÓN, QUE PREVÉ ESE TIPO PENAL, NO VIOLA EL ÚLTIMO PÁRRAFO DEL ARTÍCULO 17 DE LA CONSTITUCIÓN FEDERAL" [23]

---

[23] Constitución Política de los Estados Unidas Mexicanos Comentada, Editorial Tirant lo Blanch, 2017, Pág. 415

H) EN ESPAÑA EDAD MEDIA

En este país surge un código llamado de las *Siete Partidas*, promulgado en 1348 D. C, por Alfonso XI. [24] Este monumental ordenamiento jurídico es el esfuerzo más completo que se puede encontrar en las obras legislativas de la Edad Media y se divide en siete grandes partes, motivo por el cual se le asigna este nombre. En la partida quinta, título XII, se contempla ampliamente *la fianza, la cual se define como la obligación que tiene una persona para pagar o cumplir si su fiado no lo hace.* [25] La fianza en España actualmente no opera como tal, en ese país se le conoce con el nombre de Seguro de Caución, pero comúnmente le llaman fianza.

Sin embargo, en dicha partida se tratan también un sinnúmero de contratos de los cuales cabe citar el contrato de mutuo, de comodato, de depósito, de donación, de compraventa y prenda, entre los de mayor trascendencia en el derecho español, en el año citado.

I) EN LA ÉPOCA PREHISPANICA DE MÉXICO

Aunque los Aztecas no nombraban como tal a La fianza, esta era conocida y operada por ellos como una forma *de garantizar el pago de una deuda personal,* la cual era hereditaria y surgía así un tipo de afianzamiento familiar. [26] De esta manera, cuando un deudor caía en la insolvencia, tenía que pagar en vida con sus servicios como esclavo a su acreedor, y si moría, la deuda la asumía el hijo por herencia.

---

[24] Guier, Enrique. Historia del derecho, tomo II, Editorial Costa Rica, San José, 1969, pág. 680.

[25] Código de las Siete partidas, tomo III, Los códigos españoles anotados y concordados, Madrid, 1848, pág. 717.

[26] "El derecho de los aztecas", Revista del derecho notarial mexicano, vol. III, México, 1959, pág. 42.

También podía haber *fianza por deuda de varias personas,* específicamente de los miembros de una o dos familias de modo que una persona podía servir como esclavo, para el pago de una deuda. [27]

En este caso, *la fianza* se consideraba ciento por ciento hereditaria.

Las consecuencias de este sistema fueron tan sensibles que en 1505 el rey Nezahualpilli, de Texcoco, la abolió y México siguió su ejemplo. [28] Los miembros de la familia solían relevarse de tiempo en tiempo y la muerte de alguno de ellos

J) NUEVA ESPAÑA (MÉXICO EN EL VIRREYNATO)

Aquí pueden encontrarse huellas del derecho precortesiano, pues los reyes españoles dieron forma legal a lo que los indios tenían y practicaban. Así aparece la fianza en el derecho procesal indiano (leyes de Indias).

La figura jurídica en cuestión está reglamentada en la *Ley 4* del Título XII, relativo al capítulo de las apelaciones y suplicaciones, correspondientes a la recopilación de Indias de 1680, que a la letra dice: "Se prohíbe a los jueces de la casa de contratación poner en libertad a personas de cuyos delitos se hubiese apelado ante el Consejo de Indias, hasta que éste dé sentencia sobre ellos". [29] Esto quiere decir que, si la persona que hubiese cometido un delito y el fallo del tribunal fuere condenatorio, aquella podía apelar ante el Consejo de Indias. Una vez pronunciada su sentencia, si también era condenatoria, entonces podía solicitar y gozar de su libertad condicional o mejor conocida en la actualidad como condena condicional, pero debía depositar cierta cantidad a juicio del Consejo, independientemente del otorgamiento de *una fianza.*

---

[27] "El derecho de los aztecas", ob. cit., pág. 63.

[28] 28 ídem, pág. 68.

[29] revista de la Facultad de Derecho de México, tomo XVI, México, 1976, pág. 39.

Tal disposición concuerda con la *Ley VI*, 18, 16 de la nueva recopilación, que solamente autoriza poner en *libertad bajo fianza* a los presos por causas civiles. [30]

K) EN MÉXICO INDEPENDIENTE

"La fianza siguió evolucionando y en el México independiente se iniciaron los primeros proyectos para expedir leyes que regularan *la fianza*, con el fin de que ésta estuviera más acorde con el modo de vida económico, político y cultural del pueblo mexicano. Así en 1870 se expidió el *Código Civil*, el cual entró en vigor el 1 ° de marzo de 1871, cuando se estableció que *la fianza tenía el carácter de contrato* y que podía otorgarse *a título oneroso.*

De ese modo, y debido a los constantes levantamientos en armas en ese periodo de la historia, esta ley tuvo poca vigencia y fue abrogada por el Código Civil de 1884, *en el cual se estableció que la mujer está plenamente capacitada para celebrar el contrato de fianza.*

En el *Código Civil para el D.F.* hoy Ciudad de México, en materia común y para toda la República en material federal, expedido el 30 de agosto de 1928, publicado en el *Diario Oficial de la Federación* el 1º de septiembre de 1932 y que entró en vigor el 1º de octubre del mismo año, se introdujeron numerosas innovaciones en el *contrato de fianza.*

---

30 ídem, pág. 55.

Por lo que respecta a la fianza mercantil o de empresa, el 3 de junio de 1895 se expidió la primera ley relativa a *compañías de fianzas,* con el fin de que el Ejecutivo Federal pudiera otorgar concesiones a compañías nacionales o extranjeras que *caucionaran el manejo de empleados públicos o particulares,* en virtud de la influencia de Estados Unidos en las actividades industriales y comerciales de aquella época.

De lo anterior cabe mencionar que la única aplicación que la ley de referencia tuvo fue el contrato concesión del 15 de junio de 1895, otorgado por la Secretaría de Hacienda en favor de la American Surety Company de New York, para que estableciera en México una sucursal y se dedicara a otorgar fianzas que garantizaran el fiel manejo de empleados públicos y privados. Cuando estaba por fenecer la vigencia del contrato, la Secretaría de Hacienda inició ante el Congreso una verdadera ley, que fue aprobada y promulgada el 24 de mayo de 1910, y desde entonces quitó toda aplicabilidad al artículo 640 del *Código de Comercio,* el ordenamiento regulador de las instituciones de fianzas hasta aquella época.

Las empresas extranjeras establecieron sucursales en México y no fue sino hasta 1913 cuando un grupo de accionistas mexicanos compraron las acciones de la sucursal estadounidense American Surety Company de New York. Como consecuencia de lo anterior se constituyó la primera afianzadora del país, denominada *Compañía Mexicana de Garantías, S.A.,* la cual expidió todo tipo de fianzas. Actualmente, en virtud de la fusión realizada el 1 º de abril de 1991, se denomina Crédito Afianzador, S.A., Compañía Mexicana de Garantías".[31]

---

[31] Molina Bello Manuel, La Fianza, Garantía por excelencia en México, editorial Tirant lo Blanch, 2015, págs. 26 y 27.

L) EN MÉXICO CONTEMPORÁNEO

A partir de la constitución de la primera Afianzadora Mexicana, se concesionaron otras instituciones, algunas de las cuales desaparecieron debido a una falta de organización técnica adecuada; sin embargo, la experiencia de todas aquellas que se consolidaron en el sector permitió mejorar la legislación, tan especializada, perfeccionando la vigilancia del sistema por parte de la autoridad, de manera que hoy día han llegado a la etapa de seguridad y progreso.

Veamos la evolución de las Instituciones de Fianzas en México, desde que fue concesionada la primer Institución de Fianzas en México, hasta la última autorizada en el presente siglo:

Es menester comentar que en el año 2015, fue abrogada la Ley Federal de Instituciones de Fianzas y en su lugar se promulga la Ley de Instituciones de Seguros y de Fianzas, en donde parte de lo novedoso de esta ley es que se agrega al ramo de Daños una garantía que en México no existía y me refiero al Seguro de Caución, debido a esta reforma, se da oportunidad a las Instituciones de Fianzas existentes hasta ese momento para que se puedan quedar como Instituciones de Fianzas, transformarse en Aseguradoras de Caución o crear nuevas instituciones para operar el ramo de caución y fianzas, por ello a continuación desarrollaré la evolución de las Instituciones en el siguiente cuadro:

Evolución cronológica de las Instituciones de Fianzas, Instituciones de Garantías y Caución en México.

Institución de Fianzas y/o Aseguradora de Caución inicial y actual	Concesión / Autorización	Revocación	Modificación de Autorización / Transformación / Fusión
Compañía Mexicana de Garantías, S.A., Primera Institución de Fianzas Concesionada por el Gobierno Federal	16/04/1913		**01/04/1991**
Compañía Nacional Mexicana de Fianzas, S.A.	17/09/1917	28/07/1938	
Afianzadora de Manejadores de Fondos, S.A.	18/05/1925	25/04/1938	
Fianzas México S.A. Fianzas México Bital, S.A., HSBC Fianzas, S.A. Afianzadora Punto Aserta, S.A. de C.V., hoy Aseguradora Aserta, S.A. de C.V.	29/06/1925		13/12/2013
Afianzadora de Arrendamientos, S.A.	12/12/1934	04/11/1937	
Central de Fianzas, S.A., cambió a Chubb de México, Compañía Afianzadora, S.A. de C.V.	10/04/1936		12/06/2017

Institución de Fianzas y/o Aseguradora de Caución inicial y actual	Concesión / Autorización	Revocación	Modificación de Autorización / Transformación / Fusión
Fianzas Atlas, S.A. se transformó en Aseguradora de caución, Fianzas y Cauciones Atlas S.A.	22/06/1936		19/11/2002
Afianzadora Lotonal, S.A.	16/12/1937	02/12/99	
Fianzas América, S.A.	13/02/1938	13/02/1938	
Crédito Afianzador, S.A., Cía. Mexicana de Garantías primera Institución de Fianzas fusionada con la Institución Compañía Mexicana de Garantías, S. A. sólo subsistió la denominación Social.	10/01/1940		01/04/1991
Compañía de Fianzas, Inter-Américas, S.A., cambió a Afianzadora Sofimex, S.A., ahora Sofimex, Institución de Garantías.	22/07/1940		23/06/2017
La Guardiana S.A., Compañía General de Fianzas, cambió a Fianzas Guardiana Inbursa, S.A., ahora Inbursa Seguros de Caución y Fianzas, S. A.	28/01/1942		09/07/2018
Montenal, S.A., cambió su denominación social a Afianzadora Mexicana S.A.	02/12/1942	17/09/2000	

Institución de Fianzas y/o Aseguradora de Caución inicial y actual	Concesión /Autorización	Revocación	Modificación de Autorización / Transformación / Fusión
Fianzas Monterrey, S.A., cambió Fianzas Monterrey Aetna, S.A., cambió a ACE Fianzas Monterrey, S. A., adquirida por Chubb de México Compañía Afianzadora, S.A. de C.V. ahora, Chubb Fianzas Monterrey, Aseguradora de Caución, S.A. (Filial – extranjera)	26/06/1943		12/06/2017
Montenal, S.A., cambió su denominación social a Afianzadora Mexicana S.A.	02/12/1942	17/09/2000	
Fianzas Monterrey, S.A., cambió Fianzas Monterrey Aetna, S.A., cambió a ACE Fianzas Monterrey, S. A., adquirida por Chubb de México Compañía Afianzadora, S.A. de C.V. ahora, Chubb Fianzas Monterrey, Aseguradora de Caución, S.A. (Filial –extranjera)	26/06/1943		12/06/2017
Afianzadora Cossío, S.A., Afianzadora Invermexico, S.A., Afianzadora Santander Mexicano, S.A.	12/01/1945	18/05/2000	
Fianzas y Garantías, S.A.	28/04/1945	05/08/1949	
Afianzadora Nacional S.A.	18/02/1946	14/08/1946	

Institución de Fianzas y/o Aseguradora de Caución inicial y actual	Concesión / Autorización	Revocación	Modificación de Autorización / Transformación / Fusión
General Afianzadora S.A.	15/08/1946	09/11/1949	
Americana de Fianzas S.A.	05/04/1947	09/02/1999	
Fianzas Probursa, S.A, Fianzas BBV Probursa, S.A. de C.V., Afianzadora Aserta, S.A. de C.V., Ahora Aseguradora Aserta, S.A. de C.V.	30/04/1954		23/05/2017
Afianzadora Insurgentes, S.A., Afianzadora Insurgentes Serfin, S.A. Afianzadora Insurgentes St. Paul, Afianzadora Insurgentes, S.A. de C.V., Ahora Aseguradora Insurgentes, S.A. de C. V.	24/03/1958		23/05/2017
Afianzadora Obrera S.A., Fianzas Banorte, S.A. de C.V., Primero Fianzas, S.A. de C.V., ahora Liberty Fianzas, S.A. de C.V.	05/01/1990		26/01/2018
Fianzas Fina S.A., fue fusionada por Fianzas México Bital, S.A. y esta adquirida por punto Aserta	01/01/1991		13/12/2013
Afianzadora Margen S.A.	29/04/1991	16/11/1999	
Afianzadora Capital S.A.	13/04/1992	15/10/2001	

Institución de Fianzas y/o Aseguradora de Caución inicial y actual	Concesión / Autorización	Revocación	Modificación de Autorización / Transformación / Fusión
Fianzas Lacomsa, S.A., cambió a Fianzas Comercial América, S.A., ING Fianzas, S.A., Axa Fianzas, S.A. Fianzas Dorama, S.A. ahora Dorama, Institución de Garantías, S.A.	28/05/1993		11/07/2017
Fianzas Banpais, S.A.	10/08/1993	16/12/1999	
Fianzas Asecam, S.A.	12/07/1994		
Fianzas DFI, S.A., Hartford Fianzas, S.A. de C.V., ahora Afianzadora Fiducia, S.A. de C.V.	31/05/1994		22/07/2016
Mapfre Fianzas, S.A.	17/07/2006		
Cesce Fianzas México, S.A. de C.V.	01/03/2011		
Zúrich Fianzas México, S. A. de C.V.	02/12/2014		
Fianzas Avanza, S.A.	01/10/2014		
Berkley International Fianzas México, S.A. de C.V.	27/10/2016		

Institución de Fianzas y/o Aseguradora de Caución inicial y actual	Concesión / Autorización	Revocación	Modificación de Autorización / Transformación / Fusión
Tokio Marine HCC México Compañía Afianzadora, S.A. de C.V.	30/11/2018		
Avla Seguros, S.A. de C.V	04/11/2020		

Como se puede observar en este cuadro, conforman el sector mexicano de garantías, 18 Instituciones de Fianzas, Instituciones de garantías y Caución, al término del 2022

II.   BREVE HISTORIA DEL SEGURO DE CAUCIÓN

En el mundo quizá no se han recopilado antecedentes tan remotos del Seguro de Caución como tal, ya que esta figura es relativamente reciente en el mundo contemporáneo, ya que los primeros indicios reglamentados del seguro de caución datan de la primera mitad del siglo XIX.

Desde un punto de vista jurídico la palabra CAUCION analizada como género es una figura con la cual se puede garantizar cualquier tipo de obligación ante terceros y analizada como especie, se da como diferentes formas de garantía de obligaciones, ya sea a través de Fianza, Seguro de Caución, Prenda, Hipoteca, Fideicomiso, Dinero en efectivo, etc., o sea que, el continente o género es la Caución y el contenido o la especie, son las diferentes formas de garantía de manera específica.

La constitución Política de los Estados Unidos Mexicanos nos habla de la Caución como una forma de Garantía y los ordenamientos jurídicos, adjetivos y sustantivos norman por ejemplo la libertad provisional bajo caución, que puede ser mediante fianza o depósito, como lo es en los Ramos Penal y No Penal, en este caso sobre todo en materia Familiar, en cuyos procedimientos, se deben caucionar los manejos de los Tutores, en ocasiones los manejos de los Albaceas en procedimientos Sucesorios, en materia Concursal también se deben caucionar los manejos del Síndico de la quiebra, por otro lado, en el Ramo de las Fianzas de Fidelidad, se caucionan los buenos manejos de los empleados de una empresa, en el ámbito corporativo, las empresas que se constituyen deben dejar constancia en los estatutos sociales de que el Tesorero de la empresa, también debe caucionar sus buenos manejos y así podríamos dar muchísimos ejemplos de la existencia de cómo se deben caucionar diversas obligaciones que emanan de una disposición legal.

A través de los tiempos esta figura jurídica, o sea la Caución no ha sufrido muchos cambios y la hemos encontrado en algunas civilizaciones del pasado en muy diversas modalidades, las cuales a continuación expondré.

A) En la Roma antigua

Esta civilización, a través de sus XII Tablas y España con su Ley de las 7 partidas, en gran medida dieron origen al derecho mexicano actual, Roma aporta algunas fuentes contenidas en el Digesto, Instituciones de Gayo, las Instituciones de Justiniano, etc. motivo por el cual no podremos evitar algunos términos y frases latinas, de las cuales es imprescindible dejar de tocar las originales, sin embargo y sin el afán de ofender al lector realizaré la traducción de dichas frases, solo cuando el latín se aparte mucho del español, prestando una ligera ayuda para hacer más fácil la comprensión del tema.

Así pues, el Derecho Romano nos aporta varias formas de Caucionamiento, las cuales encontraremos en El Corpus Iuris Civilis (Cuerpo del Derecho Civil), especialmente en materia de Derechos Reales, Obligaciones y Sucesiones.

Nos avocaremos a las fuentes más trascendentales y analizaremos los antecedentes que existieron en el Derecho Romano en torno a dichos Derechos Reales (derecho de cosas. Res=Cosa) y en específico derechos reales sobre cosas ajenas.

Cautio Usufructuaria (Caución Usufructuaria) [32]

"Esta Figura no es la más antigua que se encontró en los antecedentes de Roma, sin embargo, para ejemplificar las formas de Caucionamiento en esa gran civilización se dará a conocer algunas figuras representativas desde la fundación de Roma, época monárquica del 753 A.C. hasta la época del emperador Justiniano por el año 565 D.C.

Así las cosas, el Corpus Iuris Civilis de Roma antigua, menciona cuatro tipos de servidumbres personales caucionables como son:

El Usufructo, uso, habitación y el derecho real de aprovechar animales y esclavos ajenos.

El usufructo es el derecho temporal de usar una cosa ajena y de aprovechar los frutos naturales o civiles de esta, sin alterar la sustancia de la cosa en cuestión. (Usus-Fructus)

Paulo jurista Romano define al Usufructo como el derecho de usar y disfrutar cosas ajenas, respetando su substancia.

En Roma era muy usual dar en usufructo las tierras para sembrar, la explotación de minas, el usufructo de bosques con la finalidad de tala de árboles, etc.

---

[32] Molina Bello Manuel, El seguro de caución en México, editorial Tirant lo Blanch, 2015, págs. 14 y 15.

Por ejemplo, si el usufructo era para la explotación sensata de tala de árboles, el usufructuario se hace propietario de los frutos naturales en una parte, en este caso la materia prima terminada, o sea la madera procesada, la podían dividir entre el usufructuante dueño del bosque y el usufructuario.

Por lo que, para garantizar el debido cuidado del objeto del usufructo, el pretor (administrador de la justicia civil en Roma) obligaba al usufructuario a otorgar una *CAUTIO USUFRUCTUARIA*, a favor del propietario de la cosa, garantizando *mediante fianza o caución que indemnizaría* a éste de todo daño causado por culpa o dolo y sobre todo si el usufructuario no llevaba a cabo la condición establecida de reforestar por toda la tala realizada.

Las obligaciones del usufructuario consistían por tanto en prestar esta CAUTIO, conservar el objeto en buen estado, cuidarlo como un buen padre de familia, devolverlo en su oportunidad y pagar los gastos ordinarios, como son el impuesto predial, las reparaciones pequeñas y los gastos de explotación del objeto".

Cautio de non amplius turbando (Caución de no perturbar el goce de un derecho real) [33]

"Esta forma de garantía o Caucionamiento la encontramos en el Derecho Romano en el mundo de los Derechos Reales y en específico en las Servidumbres Reales.

Las Servidumbres Reales. - Son derechos reales sobre un inmueble ajeno, cuyo aprovechamiento debe aumentar el uso de un inmueble propio, cercano al primero.

---

[33] Molina Bello Manuel, Ob. cit. págs. 15 y 16

En Roma existían servidumbres rurales, las cuales consistían en que el propietario de un fundo dominante podía otorgar a un vecino el derecho de paso (fundo sirviente) para extraer agua de un pozo, derecho de paso para llevar a los animales de pastoreo, derecho a buscar agua en un fundo vecino para el consumo propio.

Las servidumbres urbanas diferentes a las anteriores, en estas el dueño de una pared podía permitir poner vigas en esta para sostener el techo de un vecino, o bien impedir que un vecino construya una casa con una altura superior a los diez metros para asegurar la luz necesaria.

Las servidumbres reales, podían extinguirse principalmente por renuncia, por prescripción extintiva, o sea por no hacer uso de ella, o por perdida del fundo dominante, del sirviente o de ambos.

La figura de la caución se presenta precisamente en la defensa procesal de las servidumbres reales, o sea cuando la persona que se siente con derechos promueve ante el Pretor, en contra del que tiene en su poder la cosa y tiene obligación real.

Si un poseedor de una servidumbre real, tiene por ejemplo un derecho de paso para la extracción de agua de un pozo y no obstante de tener formalizada la servidumbre, si el propietario del fundo se niega a otorgar ese derecho de paso, entonces el titular de la servidumbre puede demandar al propietario para que este respete el derecho de paso y en caso de que este último sea condenado por sentencia, está obligado *a otorgar la Cautio de non amplius turbando,* que consiste en garantizar el pago de los daños y perjuicios que se deriven del impedimento del ejercicio de la servidumbre de paso, o sea garantizar debidamente el respeto de continuar con el uso y goce pacifico de ese derecho real.

El procedimiento anterior como acción, en la actualidad sigue teniendo aplicación jurídica y en Roma se conocía como *actio confessoria* (acción confesoria), la cual tiene reglamentación en el artículo 11 del Código de Procedimientos Civiles para el Distrito Federal" hoy ciudad de México.

Cautio damni infecti [34] (caución para pago de daños)

"Esta figura la podemos encontrar dentro de la protección procesal de la propiedad, afirmaba el maestro Guillermo Floris Margadamt, LA PROPIEDAD es la reina de los derechos reales.

En Roma, todo propietario podía protegerse contra daños que lo amenazaban desde otras propiedades como árboles o paredes que estaban por caer, por ejemplo, pidiendo al Pretor que obligara al vecino a otorgar una caución o *fianza que garantizara el pago del posible daño,* esta fianza era precisamente la famosa y más utilizada *Cautio damni infecti.*

Un ejemplo de esta figura relacionada con la defensa de la propiedad es la siguiente:

Si el propietario de un inmueble afirmaba que una obra nueva comenzada por un vecino contiguo, lo lesionaba en sus derechos de propiedad, aquel podía interponer un juicio para paralizar de manera provisional la obra nueva, de tal manera que el pretor tenía que exigir una *Cautio* al vecino para poder continuar con la obra y este forzosamente, tenía que garantizar con la *Cautio el pago de los daños causados* en caso de que por dolo o culpa grave llegaran a verificarse.

En la actualidad esta figura jurídica es muy similar a los interdictos de obra nueva y obra peligrosa los cuales están vigentes y los podemos encontrar de manera análoga en los artículos 19 y 20 del Código de Procedimientos Civiles para el Distrito Federal, hoy Ciudad de México".

---

[34] Molina Bello Manuel, Ob. cit., pág. 16.

Actio Muciana [35]

"En la antigua Roma ya existía una reglamentación muy avanzada sobre el mundo de las sucesiones y específicamente en los testamentos, existía un sin fin de modalidades, en los que el testador podía jugar entre términos y condiciones de muy diversa manera y obligar a caucionar el cumplimiento de las condiciones pactadas.

En los testamentos podían añadirse clausulas especiales que suspendían el nacimiento de una nueva situación (términos y condiciones suspensivos).

Para mayor comprensión podríamos diferenciar entre el término y condición de la siguiente manera. El término es un acontecimiento futuro de realización cierta, mientras que la condición es un acontecimiento futuro de realización incierta. En cuanto a los términos unos son de fecha cierta, Vg. 4 de abril de 2015; y otros de fecha incierta, aunque de realización cierta, -el día que mi hija se inscriba en la universidad-. Por tanto, en el Derecho Romano el término de fecha incierta es considerado como si fuera una condición.

La actio Muciana únicamente se presenta en el mundo de las sucesiones, precisamente en los Legados, ya que Justiniano Emperador Romano (523-565 D.C.), prohíbe la condición resolutoria en la Institución de Herederos, -ya que una vez heredero, heredero para siempre-, es decir una vez adquirida la calidad de heredero, no se podía perder en ninguna circunstancia, aun y cuando existiera una condición resolutoria.

---

[35] ídem págs. 16 y 17

Respecto a los Legados, el derecho antiguo, desde el citado Emperador Justiniano, fue menos rígido, ya que permitió que el legado operara bajo condición resolutoria, siempre y cuando *el legatario prestará una fianza (caución Muciana) que garantizara la devolución del legado en caso de realizarse la condición resolutoria.* (Vg. -No deberás casarte hasta que cumplas 25 años-)

En el Derecho Romano, la sanción no era la devolución del legado, sino una indemnización equivalente al valor del legado y que debía pagarse a la parte interesada haciendo uso de la *Caución Muciana".*

La caución, *también se presenta en el mundo de las obligaciones en el Derecho Romano*, específicamente en los contratos y dentro de su clasificación, podemos ubicar a *la caución* dentro de los contratos nominados (los que están determinados en la ley) y de tipo verbis (verbales).

El contrato verbis. - es aquel que se perfecciona con el uso de determinadas formulas verbales. Si las partes se apartaban de tales formulas, aunque constara claramente su voluntad de obligarse, el negocio no se podía considerar como contrato verbis.

Dentro de los contratos verbis, quizá el más importante es *LA STIPULATIO,* que consistía en el intercambio de una pregunta y una respuesta, sobre una futura prestación. En ambas frases se utilizaba el mismo verbo (spondere, promittere).

La stipulatio era un contrato unilateral y por tanto, stricti iuris (estricto derecho), el cual se podía utilizar en una amplia gama de negocios, el único inconveniente es que las partes tenían que estar físicamente presentes en el momento de la stipulatio. *La stipulatio* más importantes en el derecho romano, solía manifestase mediante dos figuras frecuentes a saber:

El préstamo estipulatorio [36]

En esta figura también se manifestaba ya la figura de *la caución*.

El contrato se perfeccionaba de la siguiente manera, el acreedor preguntaba, por ejemplo: *¿Prometes que me pagarás 2000 denarios, el primer día del mes entrante?*, y el deudor tenía que contestar: *"Prometo"*, desde luego este contrato se celebraba en presencia de testigos y habitualmente se levantaba un acta. Este documento accesorio denominado *LA CAUTIO,* servía únicamente como medio probatorio para el caso de incumplimiento y no formaba como parte del contrato. Este procedimiento era muy eficaz para el deudor, ya que en muchas ocasiones los grandes usureros se aprovechaban y estipulaban cantidades muy diferentes a las que verdaderamente entregaban, por lo que *LA CAUTIO* vino a resolver muchas injusticias para los deudores.

La fianza estipulatoria y la fianza indemnizatoria [37]

La fianza es un contrato por el cual una persona (fiador) se obliga a cumplir en caso de que otra persona (fiado), sujeto pasivo de una obligación garantizada por la fianza, no cumpla.

Se trata de un contrato accesorio, que necesita de una obligación valida principal en que apoyarse.

La típica fianza romana nació de *la stipulatio*, que, según el verbo utilizado en la pregunta y en la contestación, podía ser una *sponcio, una fideipromissio o una fideiussio.*

La sponcio exigía el empleo del verbo spondere. *(El acreedor cuestionaba al fiador "spondes" por el deudor si este no cumple ante mí y el fiador respondía*

---

[36] ídem págs. 18

[37] ídem págs. 18 y 19

"spondo") Esto correspondía a una promesa de matices religiosos y únicamente podía ser celebrada entre personas que participaran en la religión romana, contrato en el que definitivamente no podían participar los extranjeros.

Esa figura con el tiempo cedió el paso a la fideipromissio, en la cual también los extranjeros podían participar.

B) En España Antigua [38]

En este país hacia el año 1348 D.C. estaba vigente un código llamado de las 7 partidas, promulgado por Alfonso XI, su predecesor la ley de las XII tablas de Roma, ese monumental ordenamiento jurídico es el esfuerzo más completo que se puede encontrar en las obras legislativas de la edad media y se divide en 7 grandes partes, motivo por el cual se le asigna este nombre.

La figura de la fianza, ahora conocida en España como *seguro de caución,* la encontramos dentro de ese ordenamiento jurídico en la partida 5ª, título XII y la fianza es definida como "la obligación que tiene una persona para pagar o cumplir si su fiado no lo hace". Con este concepto logramos apreciar que, desde la fianza romana, hasta nuestro Código Civil para el Distrito Federal, hoy ciudad de México, el concepto de la fianza no ha variado en su esencia.

---

[38] ídem pág. 19

C) Indicios del Seguro de Caución en el Siglo XIX [39]

El seguro de caución se ha presentado en el mundo a lo largo de la *primera mitad del siglo XIX* en diferentes continentes de nuestro globo terráqueo, sin embargo las primeras vicisitudes de esta figura aparecieron como un Seguro de Crédito, Seguro de Fidelidad, Seguro de Garantía, Seguro Aval, Seguro de Afianzamiento, Seguro Protesto, Seguro de incumplimiento, los cuales posiblemente al combinarse con la caución romana, vinieron a transformarse en los actuales Seguros de Caución, esto desde mi particular punto de vista.

En México, el Seguro de Caución surge a merced de la publicación de la Ley de Instituciones y de Fianzas el 04 de abril de 2013, entrando en vigor a los 730 días naturales siguientes a la publicación, es decir hasta el mes de abril de 2015.

CAPITULO SEGUNDO

I.   CONSIDERACIONES PRELIMINARES

Generalidades de la fianza judicial y seguro de caución judicial penal.

La fianza judicial y el seguro de caución judicial penal son dos contratos mercantiles de garantía que tienen por objeto, el primero garantizar el cumplimiento de una obligación determinada por autoridad judicial, por ejemplo, en materia penal y en donde se tenga que garantizar la libertad, provisional o bajo fianza del imputado, la sanción pecuniaria o el pago de la reparación del daño. Otro ejemplo en materia familiar prácticamente se garantiza el pago de la pensión alimenticia derivada de un juicio de divorcio, o juicio especial alimentario según sea el caso.

---

[39] ídem pág. 21

También, con *la fianza* se puede garantizar el pago de los daños y perjuicios derivado de un juicio en donde tenga que ver alguna controversia de inmuebles, o los daños y perjuicios que se deban garantizar con motivo de la interposición de un juicio de amparo.

El seguro de caución por su parte tiene por objeto indemnizar el daño a título de resarcimiento o penalidad para el caso en que se otorguen garantías judiciales penales, como se establece en el procedimiento común para hacer efectivas las fianzas judiciales penales o seguro de caución penal determinado en la Ley de Instituciones de Seguros y de Fianzas.

En suma, el seguro de caución penal es una garantía que se presta a través de una compañía de seguros, especializada en el ramo de caución. El seguro de caución penal es una alternativa a la fianza judicial y se utiliza para asegurar el cumplimiento de una obligación o el pago de una indemnización en caso de incumplimiento.

Definición de la Fianza Judicial, Penal y no Penal

El sector afianzador mexicano y la Ley de Instituciones de Seguros y de Fianzas, entre la clasificación de la fianza Mercantil o de empresa, encuadran a la fianza judicial dentro del ramo II, o sea Fianzas Judiciales Penales, Fianzas Judiciales no penales y Fianzas Judiciales para vehículos automotores.

Tomando en consideración lo antes expuesto, se formula el concepto que tengo de la Fianza Judicial, manifestando que es aquel contrato por medio del cual una Institución de Fianzas legalmente autorizada por el Gobierno Federal, a través de la Comisión Nacional de Seguros y de Fianzas para el otorgamiento de Fianzas a título oneroso, se obliga mediante la expedición de una póliza, a garantizar el cumplimiento de una obligación derivada de un procedimiento judicial y que se exhibirá ante una autoridad judicial competente, ya sea en materia Civil, Mercantil, Familiar, Penal, Arrendamiento Inmobiliario, laboral, de lo Concursal y Amparo.

Como he indicado con anterioridad, la Fianza judicial para que tenga este carácter, deberá de exigida por una autoridad judicial y no ante una autoridad administrativa. La Ley de Instituciones de Seguros y de Fianzas, no aporta una definición de la Fianza Judicial, por lo que a continuación procederé a proporcionarla de forma más breve:

La Fianza Judicial es aquella que exige cualquier tipo de autoridad Judicial a una de las partes litigantes, dentro de un procedimiento judicial.

De la definición anterior se colige que sólo las autoridades judiciales en las que se deposita el poder judicial y gozan de jurisdicción, pueden exigir por disposición de ley una fianza de este tipo a una de las partes litigantes dentro de un procedimiento judicial.

De la citada definición, se derivan los siguientes elementos personales:

Elementos personales que intervienen en la contratación de una fianza Judicial

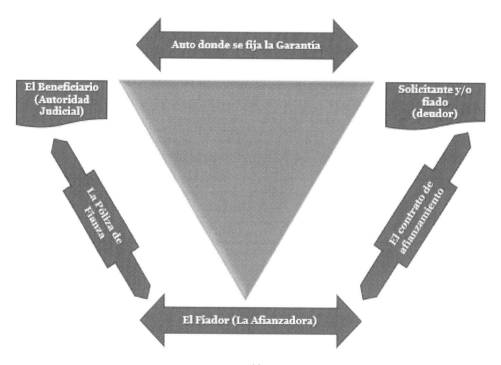

El fiador es la Institución de fianzas autorizada por la CNSF, para convertirse en garante de terceras personas (el solicitante o fiado), ante un beneficiario.

El solicitante o fiado:

Es la persona física quien obtiene de la afianzadora *la póliza de fianza,* para garantizar obligaciones derivadas de un procedimiento judicial en alguna de sus etapas.

El solicitante, opera únicamente en fianzas penales y procede cuando un procesado, no tiene la posibilidad de suscribir el contrato solicitud de fianza y un tercero lo firma a su ruego ante la imposibilidad por encontrarse recluido, esto es totalmente válido y común en materia de fianzas judiciales penales. La firma de ruego es aquella que estampa una persona en nombre de otra que no sabe o no puede firmar, y quien le ruega firme por ella.

En este caso si el reo esta en una penitenciaria y tiene la prerrogativa de salir libre bajo fianza, pero no puede firmar los documentos que exige la afianzadora como solicitante o fiado, entonces un tercero puede legalmente firmarlos a su ruego.

El beneficiario (La autoridad Judicial)

El beneficiario es la Autoridad Judicial en todos sus niveles como pueden ser los ministros de la corte, jueces de distrito, magistrados del Tribunal Colegiado de Circuito, principalmente en fianzas de Amparo quienes exigen la garantía en materia de fuero federal, en materia de fuero común, los magistrados de las salas en cualquier materia y los jueces de primera instancia y de paz o de cuantía menor en todas las materias para garantizar cualquier obligación litigiosa, incluyendo en este caso excepcional a las fiscalías y Ministerios Público para garantizar diversas obligaciones procesales en materia penal, locales o federales.

Diferencias entre el Seguro de Caución y la Fianza [40]

El Seguro de Caución y la Fianza, son figuras esencialmente similares, sin embargo, tienen DIFERENCIAS entre sí:

Seguro de Caución	Fianza Mercantil o de empresa
1. Es un contrato abstracto, no accesorio, incondicional. (En la doctrina Internacional)	1. Es un contrato concreto y condicional. (En México)
2. Tiene una función indemnizatoria y de resarcimiento del daño.	2. Garantiza el pago o el cumplimiento de la obligación garantizada.
3. Se podrán obtener garantías suficientes . (Art. 27 Fracc. XII LISF)	3. Se deberá tener suficientemente garantizada la recuperación y comprobar las garantías con que cuenten, salvo que el fiado sea ampliamente solvente.
4. La garantía se otorga mediante un certificado de caución.	4. La garantía se otorga mediante una póliza de fianza.
5. La Aseguradora, además de emitir certificados de caución puede emitir pólizas de fianza.	5. La afianzadora solo puede emitir pólizas de fianza.
6. La aseguradora y el contratante firman una póliza de seguro de caución para ejercitar la acción de reembolso.	6. La Institución de Fianzas y el Fiado suscriben un contrato solicitud de fianza para efectos de la recuperación.

---

[40] ídem pág. 53

En suma, podemos observar que *ambas figuras son similares en su esencia*, sin embargo, tienen múltiples particularidades, sobre todo porque la Ley de instituciones de Seguros y de Fianzas y la Ley sobre el contrato de seguros, hacen separaciones muy marcadas entre una figura y otra, como por ejemplo el capítulo de constitución de reservas técnicas, reglas de inversión de estas, recuperación de pagos por incumplimientos, etc., por otro lado, la normatividad de aplicación es común, como por ejemplo la constitución garantías de recuperación y el procedimiento de reclamación en fianzas judiciales penales.

Semejanzas entre el Seguro de Caución y la Fianza [41]

• La Ley de Instituciones de Seguros y de Fianzas, es común para ambas garantías

• La Circular Única de Seguros y de Fianzas es de aplicación común para ambas garantías.

• El procedimiento de reclamación es común para ambas garantías en el ramo de fianzas judiciales penales.

• La Federación, el Distrito Federal, los Estados y los Municipios no deberán rehusar la aceptación del seguro de caución, ni de la fianza y es de aceptación obligatoria por esas entidades.

• En ambos casos operará la figura de la obligación solidaria, siempre y cuando este sea propietario de bienes inmuebles.

• En ambas garantías, se pueden suscribir negocios con la acreditada solvencia del contratante y/o fiado.

• En ambas figuras las Instituciones de Seguros de caución o de Fianzas, deberán realizar una evaluación del cliente, midiendo su capacidad de

---

41 ídem pág. 54

cumplimiento, evitando con ello la presentación del requerimiento de pago o de la reclamación.

• El certificado de caución o en su caso la póliza de fianza las otorga una aseguradora de caución autorizada para la emisión de fianzas, la Institución de Fianzas, solo se limita a la expedición de fianzas.

• Los seguros de caución y las fianzas tienen como principal canal de distribución a los Brókeres y/o corredores y agentes independientes por cuenta propia.

• En ambas figuras, el impago de la prima no da lugar a la improcedencia de la reclamación o requerimiento. (Artículo 154 Ley Sobre Contrato de Seguro)

• En ambas garantías el impago de la prima no da lugar a la cancelación del certificado de caución o de la póliza de fianza.

• En ambas garantías se da la acción de reembolso o la recuperación, o sea, todo pago hecho por la Institución de Seguros de caución o por la Institución de Fianzas deberá serle reembolsado por el contratante del seguro o por el fiado, en función de las garantías de recuperación que solicitaron.

II. Naturaleza Jurídica de la Fianza y Seguro de Caución

Autoridad y Autoridad Judicial

Vamos a desentrañar la naturaleza jurídica de estas figuras jurídicas, con un análisis de los siguientes conceptos: Autoridad, Autoridad Judicial y Autoridad Administrativa, ya que se revisaron con antelación las partes que intervienen en la contratación de la fianza judicial y el seguro de caución penal, siendo las autoridades del orden judicial penal y no penal uno de los sujetos que forman parte de la contratación de dichas garantías.

1. CONCEPTO DE AUTORIDAD.

Eduardo J. Courter define a *la autoridad como la potestad atribuida a los agentes del poder público debido a su propia investidura.*

Dada su etimología palabra autoridad, esta palabra proviene del latín **AUCTORITAS-ATIS:** "ascendencia", "potestad".

Para los juristas, la palabra autoridad contiene una carga de significados como lo es la investidura de facultades o funciones o la persona que goza o le es atribuida, fuerza, ascendencia u obligatoriedad y extensivamente la expresión se utiliza para designar a los individuos u órganos que participan en el poder público.

De igual forma el Lic. Eduardo Pallares define a la Autoridad de la siguiente manera:
"Es la facultad o potestad de que goza una persona para hacer alguna cosa u ordenar algo."

2. AUTORIDAD ADMINISTRATIVA

La autoridad administrativa está encargada de la administración pública, su principal representante es el poder ejecutivo ya sea federal el Presidente de la República o Estatal; el Gobernador y al tenor de lo que estipula el numeral 90 constitucional que dice: "La Administración Pública Federal será centralizada y paraestatal conforme a la Ley Orgánica que expida el Congreso, que distribuirá los negocios del orden administrativo de la Federación que estarán a cargo de las Secretarías de Estado y definirá las bases generales de creación de las entidades paraestatales y la intervención del Ejecutivo Federal en su operación".....

Es menester comentar que este tema no lo abundaremos, toda vez que para el ramo que nos ocupa no interviene la administración pública centralizada ya que todas las secretarías de estado y dependencias ocupan fianzas del Ramo III, Fianzas Administrativas, las cuales garantizan obligaciones de dar, de hacer y de no hacer y que precisamente derivan de la Ley de Obra Pública y Ley de Adquisiciones correspondientes.

3. AUTORIDAD JURISDICCIONAL

Es importante mencionara que la función jurisdiccional es propia del Poder Judicial, no obstante. Es importante la existencia del Poder Judicial porque "está organizado para dar protección al derecho, para evitar la anarquía social que se produciría sí cada uno se hiciera justicia por su propia mano, en una palabra, para mantener el orden jurídico y para dar estabilidad a las situaciones de derecho".

La jurisdicción es el *concepto o poder para juzgar y al mismo tiempo hacer ejecutar lo juzgado,* por lo que se trata de una acción que corresponde a los jueces, así como también al conjunto del poder judicial de acuerdo con las leyes. La jurisdicción es el concepto de poder juzgar y hacer ejecutar lo juzgado.

La finalidad de la función jurisdiccional es la solución de litigios o controversias aplicando el derecho y con base en criterios de justicia, valorar su decisión; que sea razonable

En resumen, observamos que la Jurisdicción definida como "la facultad de declarar y aplicar el derecho ", se deposita básicamente en el Poder Judicial mismo que se preceptúa en el artículo 94 primer párrafo de la Constitución política de los Estados Unidos Mexicanos [42]

"Se depositará el ejercicio del Poder Judicial de la Federación en una Suprema Corte de Justicia, en un Tribunal Electoral, en Tribunales Colegiados y Unitarios de Circuito y en Juzgados de Distrito.

---

[42] constitución Política de los Estados Unidas Mexicanos Comentada, Editorial Tirant lo Blanch, 2017, Pág. 1395

El párrafo primero del artículo en estudio hace referencia al ejercicio del Poder Judicial de la Federación, que se deposita reiterando en los siguientes órganos: la Suprema Corte de Justicia, el Tribunal Electoral, los Tribunales Colegiados y Unitarios de Circuito y los Juzgados de Distrito. El termino Poder Judicial alude a la función jurisdiccional en dos sentidos: desde el punto de vista de la *función* propiamente dicha y desde la perspectiva del *órgano* que ejerce dicha función. En relación con el segundo punto, de la lectura de este precepto podemos inferir que en Mexico coexisten varios órganos judiciales que ejercen la jurisdicción a nivel federal.

Es pertinente aclarar que en el Estado mexicano la función jurisdiccional se lleva a cabo tanto por órganos que pertenecen a la Federación como a las 32 entidades federativas. A pesar de ello, en la mayoría de los casos la judicatura federal tiene la posibilidad de revisar las resoluciones de los tribunales estatales a través del juicio de amparo".

así, los órganos jurisdiccionales del Poder Judicial de la Federación pueden controlar la constitucionalidad de las normas generales a través de distintos procesos.

De lo anterior podemos darnos cuenta de que el Poder Judicial juega un papel muy importante respecto de la Administración de la Justicia, (independientemente de que dicho Poder Judicial sea Federal o Local) por tanto más adelante analizaremos los casos en que la autoridad judicial puede exigir a una de las partes litigantes una fianza judicial, penal o no penal para garantizar diversas obligaciones dependiendo de la materia, o bien un seguro de caución penal.

Por otro lado, vemos que estas Autoridades revelan una larga evolución de la justicia ya que su función primordial consiste en evitar que "ninguna persona se haga la justicia por sí misma, ni ejerza violencia para reclamar su derecho, principio consignado en nuestra Carta magna, en su artículo 17, primer párrafo. [43]

"Ninguna persona podrá hacerse justicia por sí misma, ni ejercer violencia para reclamar su derecho.

Por ello la legislación y las autoridades judiciales prohíben de manera general la autotutela y las conductas de autocomposición. Así, en Mexico está prohibido el ejercicio de derechos propios de manera coactiva sin la intervención de las autoridades competentes.

En este sentido, son los órganos de gobierno quienes tienen el deber de salvaguardar la seguridad de los particulares y hacer prevalecer el Estado de Derecho".

Por ello, a través del tiempo se han venido desarrollando normatividad aplicable y evitar que precisamente las partes en un litigio se hagan justicia por propia mano.

Relacionado con lo anterior, a continuación, se presenta un catálogo donde aplican las figuras de la fianza y el seguro de caución de manera genérica.

Marco Jurídico aplicable a la Fianza y Seguro de Caución

En este tema, vamos a compartir gran parte del marco jurídico que aplica a la actividad afianzadora, de tal manera que, dentro de la pirámide Kelseniana, apreciamos que la Constitución es la carta magna y suprema que otorga derechos humanos y garantías individuales y sociales, normando la forma de garantizar la libertad de las personas, ante la comisión de delitos no graves.

---

[43] constitución Política de los Estados Unidas Mexicanos Comentada, Editorial Tirant lo Blanch, 2017, Pág. 1395

De igual manera abordaremos otras leyes federales que dan contenido a nuestras garantías la Fianza penal y el seguro de caución penal. Con independencia de los tratados internacionales, nuestra carta magna es la norma jerárquicamente mas alta en nuestro derecho mexicano.

- ***Constitución política de los Estados Unidos Mexicanos***

Sirve para constituir un Estado, para organizarlo y ponerle límites al poder. Igualmente sirve para garantizar la dignidad de las personas.

Una constitución persigue varios objetivos, que podemos agrupar de la siguiente manera:

1. Convoca, conjunta y ensambla a la sociedad de un país.
2. Incluye a toda persona, grupo, sector, segmento, región, identidad o cultura.
3. Asegura la vida comunitaria, el orden, así como las libertades individuales y colectivas.
4. Reconoce los derechos con los que nacen las personas y garantiza su cumplimiento.
5. Organiza el ejercicio de los poderes del Estado para:

a) crear leyes, o sea el Poder Legislativo

b) aplicar esas leyes, función del Poder Ejecutivo

c) resolver los conflictos en la aplicación de esas leyes, de lo que se encarga el Poder Judicial

6. Conjunta y ordena la interacción de los tres órdenes de gobierno, que son el federal, el estatal y el municipal.

7. Finalmente, busca la prevalencia de valores, principios, guías y normas de conducta, que son la suma de derechos y responsabilidades de cada habitante de un país.

El artículo 20 de la constitución Federal en su apartado A refiere y otorga principios generales, manifestando que el culpable no quede impune y que se garantice que los daños causados por el delito sean reparados.

La Primera Sala de la Suprema Corte de Justicia de la Nación ha establecido que la instauración del sistema procesal penal acusatorio tiene como fin garantizar el adecuado desarrollo de los ciudadanos en un marco de seguridad y libertades, entendiéndose que un proceso penal solo podrá considerarse legítimo si permite sentenciar a los culpables y absolver a los inocentes por medio de un método que, a la luz del público y con la participación de las partes, permita conocer, más allá de toda duda razonable, la verdad de lo sucedido.

El apartado A, fracción primera del artículo 20 de la Constitución establece las bases y principios que han de observarse en la investigación, procesamiento y sanción de los delitos dentro del sistema acusatorio y oral a fin de:

 a) esclarecer los hechos,

b) proteger al inocente,

d) procurar que el culpable no quede impune y garantizar la reparación del daño; asimismo, la presentación de los argumentos y los elementos probatorios se desarrollará de manera pública, contradictoria y oral con el único objetivo de garantizar el acceso a la justicia en un marco de respeto a los derechos humanos.

Con base en lo anterior, la autoridad judicial penal, determinará el tipo de prerrogativa que otorgará al procesado para poder gozar de la libertad, derivado de la comisión de algún delito.

- **Ley de la Tesorería de la Federación**

Esta Ley tiene por objeto regular las Funciones de tesorería, así como las demás actividades relacionadas con éstas, las cuales estarán a cargo de la Secretaría de Hacienda y Crédito Público, a través de dicha Tesorería de la Federación.

En esta ley podemos encontrar los parámetros de entrega de Garantías o Fianzas Fiscales y no Fiscales, cuyos contratos de obra, proveeduría, arrendamientos o servicios sean contratados ante las dependencias de la administración pública federal o local.

En esta ley en el capítulo *DE LAS GARANTÍAS*, el Artículo 44, preceptúa *"Las garantías que aseguren el interés fiscal, deberán otorgarse a favor de la Tesorería o de los Auxiliares facultados legalmente para aplicar el procedimiento administrativo de ejecución y cobrar créditos fiscales federales. La garantía del interés fiscal deberá constituirse en los casos y con las formalidades y requisitos previstos en el Código Fiscal de la Federación. Las garantías que para asegurar el interés fiscal expidan las instituciones de fianzas o de seguros autorizadas para expedirlas, se harán efectivas por los Auxiliares legalmente facultados, con sujeción a los procedimientos que establezcan los ordenamientos jurídicos aplicables".*

Por su parte, Artículo 45 de la misma ley, establece *"Las garantías no fiscales cuyo beneficiario sea el Gobierno Federal, se expedirán a favor de la Tesorería, quien las calificará, aceptará, controlará, custodiará, sustituirá, cancelará, devolverá y hará efectivas según proceda. Para hacer efectivas las garantías no fiscales se debe realizar por lo menos el requerimiento de pago por el importe principal y, en su caso, la indemnización por mora o los accesorios que correspondan en términos de las disposiciones jurídicas aplicables o que se hubieren pactado conforme a dichas disposiciones, así como, en su caso, la aplicación de su monto al concepto de la Ley de Ingresos de la Federación del ejercicio fiscal que corresponda. Los Auxiliares, incluidas las autoridades judiciales y jurisdiccionales federales, realizarán los actos señalados en el* primer párrafo de este artículo, excepto el hacer efectivas las garantías cuando su importe deba aplicarse al erario federal, lo cual corresponderá a la Tesorería de conformidad con la presente Ley y demás disposiciones jurídicas aplicables".

De igual manera cuando los contratos adjudicados sean por alguna dependencia de la administración Pública Federal, aplicará el siguiente precepto de este ordenamiento.

Artículo 47.- "Las garantías no fiscales que acepten las Dependencias por contratos y actos administrativos; en procedimientos de contratación de obras o de adquisición y arrendamiento de bienes y prestación de servicios; de cumplimiento, por anticipos y otros conceptos, así como por permisos, autorizaciones, licencias, concesiones y otras obligaciones de naturaleza no fiscal, deberán tener como beneficiario al Gobierno Federal por lo cual se otorgarán a favor de la Tesorería de la Federación de conformidad con las disposiciones jurídicas aplicables. Tratándose de garantías no fiscales constituidas con motivo de los actos y contratos que celebren las Entidades, el beneficiario de la garantía correspondiente deberá ser la Entidad de que se trate, por lo que se otorgará a favor de su propia tesorería o unidad equivalente".

La Ley de la tesorería de la federación proporciona varias formas de cómo garantizar una obligación determinada por un contratista o por un contratante de obra, proveeduría, arrendamiento o servicios. Por su parte los beneficiarios o asegurados no deberán rehusar la aceptación de cualquiera de las siguientes garantías, de conformidad con el siguiente artículo.

Artículo 48.- "El cumplimiento de las obligaciones no fiscales podrá garantizarse en alguna de las formas siguientes:

I.   Depósito de dinero constituido a través de certificado o billete de depósito, expedido por institución de crédito autorizada para operar como tal;
II.   Fianza otorgada por institución de fianzas o de seguros autorizada para expedirla;

III. ***Seguro de caución otorgado por institución de seguros autorizada para expedirlo;***

IV. *Depósito de dinero constituido ante la Tesorería, de conformidad con el artículo 29 de esta Ley;*

V. *Carta de crédito irrevocable, expedida por institución de crédito autorizada para operar como tal, y*

VI. *Cualquier otra que, en su caso, determine la Tesorería mediante disposiciones de carácter general.*

Es importante mencionar que en todos los modelos de contratos adjudicados se debe determinar el tipo de garantía, de los señalados, incluyendo el del seguro de caución que a la fecha no se hace o no se toma en cuenta, por lo que a la fecha LA FIANZA, sigue siendo la garantía por excelencia en México.

- **Ley de Instituciones de Seguros y de Fianzas**

El 4 de abril de 2013, se publica en el diario oficial de la federación, *La ley de instituciones de seguros y de fianzas,* misma que entró en vigor a los setecientos treinta días naturales siguientes a la publicación, es decir el 04 de abril de 2015, mediante el DECRETO POR EL QUE SE EXPIDE LA LEY DE INSTITUCIONES DE SEGUROS Y DE FIANZAS Y SE REFORMAN Y ADICIONAN DIVERSAS DISPOSICIONES DE LA LEY SOBRE EL CONTRATO DE SEGURO, estas leyes abrogaron a la ley general de instituciones y sociedades mutualistas de seguros y la ley federal de instituciones de fianzas generando de gual forma reformas a la ley sobre el contrato de seguro como Ley complementaria.

El objetivo central de la Ley de Instituciones de Seguros y de Fianzas, fue para robustecer el marco jurídico en estos sectores, en materia de solvencia estabilidad y seguridad conforme a los estándares y mejores prácticas internacionales para sentar las bases de un desarrollo sano y ordenado de las instituciones que conforman los sectores señalados de esta manera, esta ley contempla mediante una fórmula general o modelos internos las instituciones que determinarán el capital necesario para cumplir con sus obligaciones de acuerdo con sus riesgos y en ese sentido ya no será la autoridad la que establezca la regla única aplicable a todas las instituciones para calcular el monto de capital que requieren y que no considera necesariamente las particularidades de cada institución como sucede actualmente.

La ley de instituciones de seguros y de fianzas, es la que actualmente regula a las figuras del seguro en general, la fianza y el seguro de caución como una modalidad del seguro de daños. En materia de fianzas no hay cambios sustanciales en sus ramos, la novedad en esta ley es que las Instituciones de fianzas se pueden convertir en aseguradoras de caución y las que se transformen o autoricen como nuevas podrán expedir fianzas, además del otorgamiento de los seguros de caución, conforme a su objeto social.

Por su parte esta Ley en su artículo 27 fracción XII otorga la siguiente definición del *Seguro de Caución*:

"Para el ramo de caución, el pago de una indemnización al asegurado a título de resarcimiento o penalidad por los daños patrimoniales sufridos, dentro de los límites previstos en el contrato de seguro, al producirse las circunstancias acordadas en relación con el incumplimiento por el contratante del seguro de sus obligaciones legales o contractuales, excluyendo las obligaciones relacionadas con contratos de naturaleza financiera. En este ramo, todo pago hecho por la Institución de Seguros deberá serle reembolsado por el contratante del seguro, para lo cual la Institución de Seguros podrá solicitar las garantías de recuperación que considere convenientes"..;

De la anterior definición, podemos rescatar las siguientes características:

- Que la Institución realice el pago de una indemnización
- Que la indemnización sea a título de resarcimiento o penalidad de los daños patrimoniales sufridos

- Que haya incumplimiento de obligaciones legales o contractuales
- Que exista una acción de reembolso por parte del contratante del seguro de caución
- La Institución podrá solicitar garantías de recuperación

Adelante tocaremos el tema de la efectividad de la fianza judicial penal y no penal, así como el procedimiento común que se tiene con el seguro de caución judicial penal en esta materia de reclamación.

• Ley sobre el contrato de seguro

Esta ley también sufrió cambios por lo que el 04 de abril de 2015, entró en vigor y en ella se incluyó la normatividad inherente al seguro de caución como una figura de novedad para el México actualmente, el seguro de caución al año de 2023 ha tenido muy poca exploración, diríamos casi nula ya que resulta muy complicada su operación, y entendimiento para las dependencias de los gobiernos locales y federales.

Por otro lado, y por lo que respecta al *concepto, en la Ley sobre el contrato de seguro* se aborda, así que en el artículo 151 se define al *Seguro de Caución* de la siguiente manera:

"Por el contrato de seguro de caución la empresa de seguros se obliga a indemnizar al asegurado a título de resarcimiento o penalidad de los daños patrimoniales sufridos, dentro de los límites previstos en dicho contrato, al producirse las circunstancias acordadas en el mismo en relación con el incumplimiento por el contratante del seguro de sus obligaciones legales o contractuales, excluyendo las obligaciones relacionadas con contratos de naturaleza financiera".

Coloquialmente y de manera personal me permito resumir la definición de El
Seguro de Caución, de la siguiente manera: *<es un contrato en virtud del cual la
Aseguradora se obliga a indemnizar a título de resarcimiento o penalidad de los
daños patrimoniales sufridos a favor del asegurado, en caso de que el
contratante del seguro incumpla con la obligación garantizada, sea legal o
contractual >*.

En capítulo que será abordado adelante, tocaremos el tema de la efectividad del
seguro de caución y la forma de como la aseguradora recupera la indemnización
cubierta al asegurado ante el incumplimiento del solicitante o contratante del
seguro de caución judicial penal.

- **Circular Única de la Ley de Instituciones de Seguros y de
Fianzas**

La podemos definir como el cuerpo normativo que contiene las disposiciones
derivadas de la Ley de Instituciones de Seguros y de Fianzas, que dan
operatividad a sus preceptos y sistematizan su integración, homologando la
terminología utilizada, a fin de brindar con ello certeza jurídica en cuanto al
marco normativo al que las instituciones y sociedades mutualistas de seguros,
instituciones de fianzas y demás personas y entidades sujetas a la inspección y
vigilancia de la Comisión Nacional de Seguros y Fianzas deberán sujetarse en el
desarrollo de sus operaciones.

En esta circular única y sus anexos se determina de manera complementaria y
explícita todo el contenido a los preceptos de la Ley de Instituciones de Seguros y
de Fianzas en materia de operación y sistematización, en materia de fianzas y
seguros de caución, sobre todo en lo relativo a las garantías de recuperación a que
las instituciones estan obligadas a recabar.

- ## Ley de Obras Públicas y Servicios Relacionados con las Mismas

Regula el gasto y las contrataciones de la obra pública que se realicen, en beneficio de la colectividad y todas las actividades relativas a su planeación, programación, presupuesto ejecución, conservación, mantenimiento, demolición y control.

Debido a esta Ley, el gobierno en todos los niveles se ven favorecidos al contar con las garantías que ofrecen las Instituciones fiadoras, con la expedición de varios tipos de fianza como son las escasas fianzas de licitación, de anticipo, cumplimiento, buena calidad o vicios ocultos y otras responsabilidades que son solicitadas por las dependencias que a continuación se mencionan y son reguladas por la Ley de Obras públicas y Servicios Relacionados con las mismas (LOPSR), "la cual es de orden público y tiene por objeto reglamentar la aplicación del *artículo 134 de la Constitución Política de los Estados Unidos Mexicanos* en materia de contrataciones de obras públicas, así como de los servicios relacionados con las mismas, que realicen:

I. Las unidades administrativas de la Presidencia de la República;

II. Las Secretarías de Estado y la Consejería Jurídica del Ejecutivo Federal;

III. La Procuraduría General de la República;

IV. Los organismos descentralizados;

V. Las empresas de participación estatal mayoritaria y los fideicomisos en los que el fideicomitente sea el Gobierno Federal o una entidad paraestatal, y

VI. Las entidades federativas, los municipios y los entes públicos de unas y otros, con cargo total o parcial a recursos federales, conforme a los convenios que celebren con el Ejecutivo Federal. No quedan comprendidos para la aplicación de la presente Ley los fondos previstos en el Capítulo V de la Ley de Coordinación Fiscal. Las personas de derecho público de carácter federal con autonomía derivada de la Constitución Política de los Estados Unidos Mexicanos, así como las entidades que cuenten con un régimen específico en materia de obras públicas y servicios relacionadas con las mismas, aplicarán los criterios y procedimientos previstos en esta Ley, sólo en lo no previsto en los ordenamientos que los rigen y siempre que no se contrapongan con los mismos, sujetándose a sus propios órganos de control.

Las obras públicas y servicios relacionados con las mismas, relativos a las actividades sustantivas de carácter productivo a que se refieren los artículos 3o. y 4o. de la Ley Reglamentaria del Artículo 27 Constitucional en el Ramo del Petróleo que realicen Petróleos Mexicanos y sus organismos subsidiarios quedan excluidos de la aplicación de este ordenamiento, por lo que se regirán por lo dispuesto en su Ley, salvo en lo que expresamente ésta remita al presente ordenamiento.

Los contratos que celebren las dependencias con las entidades, o entre entidades y los actos jurídicos que se celebren entre dependencias, o bien, los que se lleven a cabo entre alguna dependencia o entidad de la Administración Pública Federal con alguna perteneciente a la administración pública de una entidad federativa, no estarán dentro del ámbito de aplicación de esta Ley. Cuando la dependencia o entidad obligada a realizar los trabajos no tenga la capacidad para hacerlo por sí misma y contrate a un tercero para llevarlos a cabo, este acto quedará sujeto a este ordenamiento.

No estarán sujetas a las disposiciones de la Ley de Obras públicas y Servicios Relacionados con las mismas (LOPSR), las obras que deban ejecutarse para crear la infraestructura necesaria en la prestación de servicios públicos que los particulares tengan concesionados, en los términos de la legislación aplicable, cuando éstos las lleven a cabo.

Las obras asociadas a proyectos de infraestructura que requieran inversión a largo plazo y amortizaciones programadas estarán sujetas a la aprobación de la Cámara de Diputados conforme a sus facultades constitucionales, la Ley General de Deuda, la Ley Federal de Presupuesto y Responsabilidad Hacendaria, así como las demás disposiciones presupuestarias aplicables. En lo relativo a los principios que deben contener los contratos, los procedimientos de contratación y ejecución, así como las condiciones de difusión pública, se atenderán conforme a la presente Ley y la Ley Federal de Transparencia y Acceso a la Información Pública Gubernamental.

Los titulares de las dependencias y los órganos de gobierno de las entidades emitirán, bajo su responsabilidad y de conformidad con este mismo ordenamiento y los lineamientos generales que al efecto emita la Secretaría de la Función Pública, las políticas, bases y lineamientos para las materias a que se refiere este artículo.

Las dependencias y entidades se abstendrán de crear fideicomisos, otorgar mandatos o celebrar actos o cualquier tipo de contratos, que evadan lo previsto en este ordenamiento".
(Artículo 1 Ley de Obras Públicas y Servicios Relacionados con las mismas).

Por su parte el *REGLAMENTO DE LA LEY DE OBRAS PÚBLICAS Y SERVICIOS RELACIONADOS CON LAS MISMAS,* nos aporta el procedimiento de licitación para que los contratistas de obra puedan concursar y de la manera más transparente puedan ser adjudicatarios de los contratos en las licitaciones en las que participaron, de tal manera que en este reglamento, se determinan que tipo de fianza deben otorgar dichos contratistas y así tenemos que las obligaciones a garantizar, deben ser las de hacer o sea, de ejecutar un trabajo en donde se debe garantizar con una fianza, el anticipo, cumplimiento y la buena calidad, en los porcentajes previstos en el contrato de obra, de esta manera el reglamento de la Ley de Obras Públicas y Servicios relacionados con las mismas determina los siguientes artículos, a saber:

DE LAS GARANTÍAS

Artículo 89.- *"Para los efectos del artículo 48 de la Ley, las dependencias y entidades podrán seleccionar el tipo de garantía que más se ajuste a sus necesidades y que les permita tener la mayor certeza de que las obligaciones estarán debidamente respaldadas, debiendo considerar en todos los casos las características, magnitud y complejidad de los trabajos a realizar".*

Artículo 90.- *"Las dependencias y entidades podrán reducir el porcentaje de la garantía de cumplimiento cuando el contratista cuente con antecedentes de cumplimiento favorables en los términos previstos en el segundo párrafo del artículo 48 de la Ley y en los lineamientos que al efecto emita la Secretaría de la Función Pública, con base en la información actualizada que se encuentre en el registro único de contratistas, tales como no estar sancionado por la Secretaría de la Función Pública en los últimos cinco años; que no se le haya rescindido contrato alguno en el mismo periodo, o que no se le haya hecho efectiva alguna garantía.*

En los casos señalados en el párrafo anterior, el monto máximo para la aplicación de penas convencionales se calculará considerando el monto de la garantía de cumplimiento establecido en el contrato, sin tomar en cuenta el porcentaje de reducción que se le hubiere aplicado a dicha garantía.

Tratándose de los procedimientos de contratación en los que se exceptúe la presentación de garantía de cumplimiento de contrato en los términos de la Ley, en la invitación a cuando menos a tres personas o en la solicitud de cotización se indicará que en las proposiciones o cotizaciones no se deberán incluir los costos por dicho concepto.

En el supuesto a que se refiere el párrafo anterior, el monto máximo de las penas convencionales por atraso será del veinte por ciento del monto del contrato, salvo cuando se trate de licitantes que se ubiquen en el supuesto señalado en la fracción IX del artículo 42 de la Ley, caso en el cual el monto máximo de las penas convencionales será del diez por ciento.

Si en los supuestos a que se refiere el artículo 45 Bis de la Ley la ejecución de los trabajos concluye antes de la formalización del contrato correspondiente, no se solicitará la presentación de la garantía de cumplimiento ni la incorporación de cláusulas penales; sin embargo, deberá exigirse la garantía de los defectos, vicios ocultos y cualquier otra responsabilidad en términos del artículo 66 de la Ley.

Las dependencias y entidades considerarán la posibilidad de que las garantías de cumplimiento, de anticipo o por vicios ocultos se entreguen por medios electrónicos, siempre que las disposiciones jurídicas aplicables permitan la constitución de garantías por dichos medios.

Sin perjuicio de lo dispuesto en el primer párrafo del artículo 92 de este Reglamento, las dependencias y entidades, una vez cumplidas las obligaciones del contratista a su satisfacción y entregada la garantía a que se refieren los párrafos primero y segundo del artículo 66 de la Ley, procederán inmediatamente a través del servidor público facultado, a levantar el acta administrativa que dé por extinguidos los derechos y obligaciones derivados del contrato, a efecto de que se inicien los trámites para la cancelación de la garantía de cumplimiento del contrato. Igual obligación tendrán las dependencias y entidades para la garantía correspondiente a los anticipos, cuando éstos se encuentren totalmente amortizados.

Las dependencias que lleven a cabo la cancelación de garantías deberán comunicarlo a la Tesorería de la Federación dentro de los quince días hábiles siguientes a la cancelación".

Artículo 91 *"La garantía de cumplimiento de las obligaciones derivadas del contrato no podrá ser menor al diez por ciento del monto total autorizado al* contrato en cada ejercicio, sin perjuicio de lo dispuesto en el artículo 48 de la Ley. La garantía de cumplimiento se hará efectiva por el monto total de la obligación garantizada salvo que, por la naturaleza de las obras y servicios, en el contrato se haya estipulado la divisibilidad de la misma.

La garantía de cumplimiento deberá ser entregada a la dependencia o entidad dentro de los quince días naturales siguientes a la fecha en que el licitante a quien se le haya adjudicado el contrato reciba la notificación del fallo, pero invariablemente antes de la firma del contrato.

En aquellos contratos cuyo plazo de ejecución supere un ejercicio presupuestal, se estará a lo dispuesto en el artículo 92 de este Reglamento.

Las modificaciones en monto o plazo de los contratos conllevarán el respectivo ajuste a la garantía de cumplimiento. Cuando se trate de un incremento en el monto o una ampliación en el plazo que no se encuentren cubiertos por la garantía originalmente otorgada, deberá estipularse en el convenio modificatorio respectivo el plazo para entregar la ampliación de la garantía, el cual no deberá exceder de diez días naturales siguientes a la firma de dicho convenio, así como incluirse una cláusula resolutoria del convenio en el caso de que la ampliación de garantía no sea entregada en el plazo señalado. Tratándose de fianza, el ajuste correspondiente se realizará conforme a lo dispuesto por la fracción II y el último párrafo del artículo 98 del presente Reglamento".

Artículo 92.- *"Cuando los trabajos se realicen en más de un ejercicio presupuestario, la garantía de cumplimiento deberá sustituirse en el o los siguientes ejercicios en proporción al monto autorizado para el ejercicio presupuestal de que se trate, considerando los trabajos faltantes de ejecutar conforme al programa convenido actualizando los importes de acuerdo con los ajustes de costos autorizados y las modificaciones contractuales. En estos casos la garantía de cumplimiento sustituta deberá ser entregada a la dependencia o* entidad dentro de los 15 días naturales siguientes a la fecha en que el monto de la inversión autorizada se notifique al contratista.

A petición del contratista, la dependencia o entidad podrá acceder a que no se sustituya la garantía otorgada en el primer ejercicio fiscal, siempre que continúe vigente y su importe mantenga la misma proporción que la del primer ejercicio en relación con el valor actualizado de los trabajos faltantes por ejecutar en cada ejercicio siguiente. Tratándose de fianza, el ajuste correspondiente se realizará conforme a lo dispuesto por la fracción II y el último párrafo del artículo 98 del presente Reglamento".

Artículo 93.- *"Una vez que haya sido constituida y entregada a la dependencia o entidad la garantía a que alude el artículo 66 de la Ley, la garantía de cumplimiento otorgada en el primer ejercicio, en caso de que no haya sido sustituida, o la garantía otorgada en el último ejercicio de ejecución de los trabajos, se podrán cancelar".*

Artículo 94.- *"Cuando los trabajos se realicen en más de un ejercicio presupuestario, el contratista deberá entregar las garantías de los anticipos para el primer ejercicio, en la fecha y lugar establecidos en el contrato o, en su defecto, dentro de los quince días naturales siguientes a la fecha de notificación del fallo. Para los ejercicios siguientes se entregarán dentro de los quince días naturales siguientes a la fecha en que la dependencia o entidad notifique por escrito al contratista el monto del anticipo que se le otorgará, atendiendo a la inversión autorizada al contrato para el ejercicio de que se trate.*

Las garantías previstas en el párrafo anterior solamente se cancelarán cuando se hayan amortizado totalmente los anticipos otorgados, o bien, en el supuesto a que se refiere el numeral 2 del inciso b) de la fracción III del artículo 143 de este Reglamento".

Artículo 95.- *"Las garantías que se otorguen para responder por las obligaciones previstas en el primer párrafo del artículo 66 de la Ley se* sujetarán a los términos, plazo y condiciones establecidos en el contrato y son independientes a las penas convencionales a que se refiere el artículo 86 de este Reglamento.

Las garantías señaladas en el párrafo anterior se cancelarán una vez transcurridos doce meses, contados a partir de la fecha del acta de recepción física de los trabajos, siempre que durante ese periodo no haya surgido una responsabilidad a cargo del contratista".

Artículo 96.- *"Cuando aparezcan defectos, vicios ocultos o cualquier otra responsabilidad atribuible al contratista en los trabajos realizados dentro del plazo cubierto por la garantía a que se refiere el artículo anterior, la dependencia o entidad deberá hacerlo del conocimiento de la afianzadora, en caso de que la garantía se hubiere constituido mediante fianza, a efecto de que ésta no sea cancelada y notificarlo por escrito al contratista, para que éste haga las correcciones o reposiciones correspondientes, dentro de un plazo máximo de treinta días naturales; transcurrido este término sin que se hayan realizado, la dependencia o entidad procederá a hacer efectiva la garantía. Si la reparación requiere de un plazo mayor, las partes podrán convenirlo, debiendo continuar vigente la garantía. Tratándose de fianza, el ajuste correspondiente se realizará conforme a lo dispuesto por la fracción II y el último párrafo del artículo 98 del presente Reglamento".*

Artículo 97.- *"Si la garantía por defectos y vicios ocultos de los trabajos y por cualquier otra responsabilidad fue constituida mediante fianza, su cancelación estará a lo previsto en la póliza de garantía que se otorgue en los términos del artículo 98 de este Reglamento.*

Si se constituyó mediante aportación líquida de recursos en un fideicomiso, transcurrido el plazo a que hace referencia el artículo 66 de la Ley, el contratista podrá retirar su aportación, además de los rendimientos obtenidos, para lo cual la dependencia o entidad instruirá por escrito lo procedente a la institución fiduciaria.

En caso de haberse expedido carta de crédito irrevocable, el contratista obtendrá de la dependencia o entidad la orden de cancelación correspondiente para su trámite ante la institución de que se trate".

Artículo 98.- *"Los contratistas podrán otorgar las garantías a que se refiere la Ley y este Reglamento, en alguna de las formas previstas en el artículo 137 del Reglamento de la Ley del Servicio de Tesorería de la Federación en el caso de dependencias, o en las disposiciones aplicables tratándose de entidades.*

Cuando la forma de garantía sea mediante fianza, se observará lo siguiente:

I. **La póliza de la fianza deberá contener como mínimo las siguientes previsiones:**

a) *Que la fianza se otorgará atendiendo a todas las estipulaciones contenidas en el contrato;*

b) *Que para cancelar la fianza será requisito contar con el acta administrativa de extinción de derechos y obligaciones, o bien, el finiquito y, en caso de existir saldos a cargo del contratista, la liquidación correspondiente.*

En el caso de la fianza que se constituya como garantía a la que alude el artículo 66 de la Ley, el contratista deberá presentar a la afianzadora el acta de recepción física de los trabajos después de transcurrido el plazo a que alude el artículo 95 de este Reglamento. De presentarse el supuesto a que se refiere el artículo 96 del presente Reglamento, el contratista presentará ante la afianzadora una manifestación expresa y por escrito de la dependencia o entidad en la que señale su conformidad para cancelar la fianza;

c). *Que la fianza permanecerá vigente durante el cumplimiento de la obligación que garantice y continuará vigente en caso de que se otorgue prórroga al* cumplimiento del contrato, así como durante la substanciación de todos los recursos legales o de los juicios que se interpongan y hasta que se dicte resolución definitiva que quede firme, y

d) Que la afianzadora acepta expresamente someterse a los procedimientos de ejecución previstos en la Ley Federal de Instituciones de Fianzas para la efectividad de las fianzas, aún para el caso de que proceda el cobro de indemnización por mora, con motivo del pago extemporáneo del importe de la póliza de fianza requerida. Tratándose de dependencias, el procedimiento de ejecución será el previsto en el artículo 95 de la citada Ley, debiéndose atender para el cobro de indemnización por mora lo dispuesto en el artículo 95-Bis de dicha Ley;

II.   En caso de la celebración de convenios para ampliar el monto o el plazo de ejecución del contrato, se deberá realizar la modificación correspondiente a la fianza.

III.   Cuando al realizarse el finiquito resulten saldos a cargo del contratista y éste efectúe la totalidad del pago en forma incondicional, las dependencias y entidades deberán cancelar la fianza respectiva, y

IV.   Cuando se requiera hacer efectivas las fianzas, las dependencias deberán remitir a la Tesorería de la Federación, dentro del plazo a que hace referencia el artículo 143 del Reglamento de la Ley del Servicio de Tesorería de la Federación, la solicitud donde se precise la información necesaria para identificar la obligación o crédito que se garantiza y los sujetos que se vinculan con la fianza, debiendo acompañar los documentos que soporten y justifiquen el cobro, de conformidad con lo dispuesto por el Reglamento del Artículo 95 de la Ley Federal de Instituciones de Fianzas, para el Cobro de Fianzas Otorgadas a Favor de la Federación, del Distrito Federal, de los Estados y de los Municipios Distintas de las que Garantizan Obligaciones Fiscales Federales a cargo de

Terceros; tratándose de entidades la solicitud se remitirá al área correspondiente de la propia entidad".

- **Ley de Adquisiciones, Arrendamientos y Servicios del Sector Público**

También podemos encontrar fianzas en la presente Ley la cual es de orden público y tiene por objeto reglamentar la aplicación del artículo 134 de la Constitución Política de los Estados Unidos Mexicanos en materia de las adquisiciones, arrendamientos de bienes muebles y prestación de servicios de cualquier naturaleza, que realicen:

I.   Las unidades administrativas de la Presidencia de la República;

II.   Las Secretarías de Estado y la Consejería Jurídica del Ejecutivo Federal;

III. La fiscalía general de la República;

IV.   Los organismos descentralizados;

V.   Las empresas de participación estatal mayoritaria y los fideicomisos en los que el fideicomitente sea el gobierno federal o una entidad paraestatal, y

VI.   Las entidades federativas, los municipios y los entes públicos de unas y otros, con cargo total o parcial a recursos federales, conforme a los convenios que celebren con el Ejecutivo Federal. No quedan comprendidos para la aplicación de la presente Ley los fondos previstos en el Capítulo V de la Ley de Coordinación Fiscal.

La presente ley al igual que la de obra también tiene su REGLAMENTO DE LA LEY DE ADQUISICIONES, ARRENDAMIENTOS Y SERVICIOS DEL SECTOR PÚBLICO, siendo un procedimiento muy semejante al de obra pública, lo cual no abordaremos   en   obvio   de   repeticiones.

- **Código Civil Federal y los locales correspondientes a las entidades federativas**

Este ordenamiento jurídico en el siguiente artículo aporta el concepto de la fianza:

Artículo 2794. "La fianza es un contrato por el cual una persona se compromete con el acreedor a pagar por el deudor, si éste no lo hace". Concepto vigente desde la Roma antigua.

De acuerdo con el *Código Civil Federal*, en este apartado se analizarán los cuatro tipos de fianza que establece, desde el punto de vista del origen de la obligación fiadora y de la obligación de otorgar la garantía.

Los tipos de fianza se consignan en el artículo 2795 del *Código Civil Federal*, el cual manifiesta que la fianza puede ser legal, judicial, convencional y gratuita u onerosa.

Fianza legal

La fianza legal es aquella que se otorga por misterio de ley de conformidad con el artículo 2850 del Código Civil Federal.

Al respecto el Lic. Ramón Concha Malo opina que "la fianza legal es un simple requisito previsto en la ley, que debe llevar una persona en determinada situación, pero que no es un simple deber técnico, sino un deber jurídico, pues se puede obligar al deudor a otorgarla".

Cabe citar el caso de las fianzas de anticipo, derivadas de un contrato de obra o pedido, como ocurre con el gobierno federal, que en su carácter de beneficiario puede exigir a su contratista o proveedor una fianza de anticipo con la cual garantice la buena inversión o la devolución total o parcial del anticipo, caso expresamente tipificado en el Artículo 50 de la ley de Obra Pública y Servicios Relacionados con las mismas.

Se puede observar claramente que la garantía anterior corresponde al ámbito de la fianza legal y constituye sólo un ejemplo de la gran gama de obligaciones por garantizar en este rubro, ya que la obligación de dar fianza deriva de una disposición legal, como es el caso anterior, por tanto, las fianzas legales siempre deben emanar de una disposición de tipo legal, como son las Leyes de Adquisiciones y de Obras Públicas ya citadas.

Fianza convencional

La fianza convencional es aquella cuya obligación de otorgamiento deriva única y exclusivamente de la voluntad de las partes en el contrato principal, o la que voluntariamente contraten acreedor y fiador, siempre que se haya pactado su otorgamiento en el contrato principal, es muy común que este tipo de fianza se presente en los contratos de arrendamiento de casa-habitación, en los que las partes convienen que exista un fiador civil o mercantil.

 De igual forma se presenta la fianza convencional en las obligaciones de cumplimiento de contrato, en las que de común acuerdo las partes convienen la contratación de la fianza respectiva. La fianza convencional se presenta generalmente entre particulares y se da mucho a manera de ejemplo en las fianzas de anticipo, cumplimiento y buena calidad en contratos o pedidos.

Por tanto, la fianza convencional será la que se pacte en el contrato o pedido como una obligación principal que dé origen a la fianza.

Fianza judicial

La fianza judicial, de conformidad con el artículo 2850 del citado Código Civil Federal, dispone que se da como consecuencia de una providencia precautoria.

Sin embargo, a juicio del que escribe, de manera más genérica refiero que la fianza judicial es aquella que exige una autoridad judicial a una de las partes litigantes, dentro de un procedimiento judicial y ésta de manera la fianza puede presentarse en diferentes materias como son: Civil, Arrendamiento Inmobiliario, concursal, Mercantil, Familiar, penal, laboral y amparo.

Fianza gratuita y onerosa

La fianza gratuita se da, cuando un particular se constituye como fiador de un tercero, caso típico el fiador civil en contratos de arrendamiento inmobiliario, siempre que sea esporádica y sin costo alguno.

La Fianza onerosa, es aquella que emite una Institución de Fianzas o Aseguradora de caución autorizada para la emisión de fianzas, ya que precisamente sus objetos específicos es el de otorgar fianzas a título oneroso, en donde la contraprestación por el servicio por ser fiador de un tercero, es la obtención del pago de una prima, recurso que se refleja en un porcentaje del monto de la garantía, con ella la Institución logra constituir reservas técnicas, realizar el gasto de adquisición y para sufragar gastos administrativos y cumplimiento en el pago de reclamaciones o indemnizaciones, según sea el caso.

La prima es diferente en función del ramo y modalidad de que se trate, tanto en el seguro de caución o de fianza.

- **Código de Procedimientos Civiles para el Distrito Federal, ahora ciudad de México.**

De este ordenamiento jurídico, tocaremos temas procedimentales en donde es necesario otorgar una garantía de fianza, relativa a la materia civil y podríamos encontrar varios temas en donde surge la fianza para garantizar obligaciones de terceras personas, tal es el caso de los siguientes supuestos:

a. Arraigo de persona
b. Providencia precautoria
c. Apelación en efecto devolutivo
d. Testigos que deben garantizar sus obligaciones, cuando radican fuera del lugar donde se está llevando el juicio.

En capítulo subsecuente abundaré ampliamente estos casos.

- **Código Penal Federal y los locales correspondientes a las entidades federativas.**

En este código vamos a tocar temas de suma importancia para la fianza judicial penal y el seguro de caución penal, en donde desde luego existen algunos beneficios para los indiciados e imputados y ellos pueden gozar de beneficios constitucionales como es la libertad provisional bajo fianza, siempre que garanticen con una fianza o seguro de caución como ya se apuntó, su libertad provisional, las sanciones pecuniarias y la reparación del daño, siempre y cuando no se trate de delito grave, estos temas serán abundados en el capítulo correspondiente para mayor referencia.

- **Código Nacional de Procedimientos Penales**

En este ordenamiento, vamos a referir el sistema judicial acusatorio en México en dónde encontraremos lo relacionado a las garantías que nos ocupan y a manera de resumen se presentan lo siguientes puntos.

En el Sistema de Justicia Penal acusatorio intervienen:

- La víctima u ofendido
- El asesor jurídico
- El imputado, acusado y sentenciado (según la etapa del procedimiento)
- El abogado defensor
- La policía
- El Ministerio Público
- El juez de control
- El juez de juicio oral
- El juez de ejecución de sanciones

Durante el procedimiento penal logramos apreciar los tipos de garantía que el código nacional de procedimientos penales establece y podemos citar los que a continuación se enumeran por el artículo 173 de dicho ordenamiento que a la letra dice:

"La garantía económica podrá constituirse de las siguientes maneras:

I. Depósito en efectivo;
II. Fianza de institución autorizada;
III. Hipoteca;
IV. Prenda;
V. Fideicomiso, o
VI. Cualquier otra que a criterio del Juez de control cumpla suficientemente con esta finalidad.

El Juez de control podrá autorizar la sustitución de la garantía impuesta al imputado por otra equivalente previa audiencia del Ministerio Público, la víctima u ofendido, si estuviese presente.

Las garantías económicas se regirán por las reglas generales previstas en el Código Civil Federal o de las Entidades federativas, según corresponda y demás legislaciones aplicables.

El depósito en efectivo será equivalente a la cantidad señalada como garantía económica y se hará en la institución de crédito autorizada para ello; sin embargo, cuando por razones de la hora o por tratarse de día inhábil no pueda constituirse el depósito, el Juez de control recibirá la cantidad en efectivo, asentará registro de ella y la ingresará el primer día hábil a la institución de crédito autorizada".

- **Ley de Protección y Defensa al usuario de Servicios Financieros**

Cuando en términos de la Ley de Instituciones de Seguros y Fianzas, la Institución Fiadora resolvió mediante un dictamen el incumplimiento de una obligación y este fue improcedente parcial o total y ante la inconformidad del Beneficiario y/o asegurado, este podrá someterse a un procedimiento administrativo ante la Comisión Nacional para la Protección y Defensa de los Usuarios de Servicios Financieros para hacer valer sus derechos. (Reclamación administrativa en contra de las Instituciones)

Es menester comentar que cuando la reclamación es procedente parcialmente, el beneficiario está obligado a recibir las cantidades que procedieron a su favor, aun y cuando este se someta al procedimiento administrativo ante dicha autoridad.

En esa virtud la Ley de Protección y Defensa al usuario de Servicios Financieros contempla un procedimiento administrativo y conciliatorio en el cual el Beneficiario de la fianza o Asegurado en un seguro de caución, pueden hacer valer sus derechos mediante un Procedimiento de Conciliación directamente ante la CONDUSEF.

- **Código de Comercio**

¿Qué efectos jurídicos conlleva a que una Institución de garantías dictamine una reclamación de fianza o seguro de caución improcedente y que dicha Institución no responda en términos de Ley de Instituciones de Seguros y de Fianzas, ante el Beneficiario o asegurado?

Respondiendo a este cuestionamiento y de ser adversa la dictaminación de la afianzadora o aseguradora ante el Beneficiario o asegurado, si este no está conforme con el dictamen de la Institución, en este caso y cuando la Institución no dé contestación a sus compromisos pecuniarios dentro del término legal o que exista inconformidad respecto de la resolución emitida por la misma, el reclamante podrá, a su elección, hacer valer sus derechos ante la Comisión Nacional para la Protección y Defensa de los Usuarios de Servicios Financieros o bien ante los tribunales competentes.

Cuando esto suceda y en caso de elegir un procedimiento judicial, los beneficiarios de FIANZAS inconformes, particulares, o entidades del gobierno local o federal, salvo la federación en fianzas de interés fiscal, podrán interponer su acción libremente, mediante un *JUICIO ESPECIAL DE FIANZAS,* haciendo uso de la jurisdicción concurrente, o sea que lo podrán hacer ante jueces civiles locales de primera instancia o jueces de Distrito en materia federal en contra de la Institución Fiadora, de conformidad con lo establecido por el artículo 280 de la LISF, que a la letra dice:

"Los juicios contra las Instituciones se substanciarán conforme a las siguientes reglas:

I. Se emplazará a la Institución y se le correrá traslado de la demanda para que la conteste en un plazo de cinco días hábiles, aumentados con los que correspondan por razón de la distancia;

II. Se concederá un término ordinario de prueba por diez días hábiles, transcurrido el cual actor y demandado, sucesivamente, gozarán de un plazo de tres días hábiles para alegar por escrito;

III. El tribunal o juez dictará sentencia en el plazo de cinco días hábiles;

IV. Contra las sentencias dictadas en los juicios a que se refiere este artículo, procederá el recurso de apelación en ambos efectos en términos del Código de Comercio. Contra las demás resoluciones, procederán los recursos que establece dicho Código;

V. Las sentencias y mandamientos de embargo dictados en contra de las Instituciones, se ejecutarán conforme a las siguientes reglas:

a) Tratándose de sentencia ejecutoriada que condene a pagar a la Institución, el Juez de los autos requerirá a la Institución, si hubiere sido condenada, para que compruebe dentro de las setenta y dos horas siguientes, haber pagado las prestaciones a que hubiere sido condenada y en caso de omitir la comprobación, el Juez ordene al intermediario del mercado de valores o a la institución depositaria de los valores de la Institución que, sin responsabilidad para la institución depositaria y sin requerir el consentimiento de la Institución, efectúe el remate de valores propiedad de la Institución, o, tratándose de instituciones para el depósito de valores a que se refiere la Ley del Mercado de Valores, transfiera los valores a un intermediario del mercado de valores para que éste efectúe dicho remate.

En los contratos que celebren las Instituciones para la administración, intermediación, depósito o custodia de títulos o valores que formen parte de su activo, deberá establecerse la obligación del intermediario del mercado de valores o de la institución depositaria de dar cumplimiento a lo previsto en este inciso.

Tratándose de los contratos que celebren las Instituciones con instituciones depositarias de valores, deberá preverse el intermediario del mercado de valores al que la institución depositaria deberá transferir los valores para dar cumplimiento a lo señalado en el párrafo anterior y con el que la Institución deberá tener celebrado un contrato en el que se establezca la obligación de rematar valores para dar cumplimiento a lo previsto en este inciso.

Los intermediarios del mercado de valores y las instituciones depositarias de los valores con los que las Instituciones tengan celebrados contratos para la administración, intermediación, depósito o custodia de títulos o valores que formen parte de su activo, quedarán sujetos, en cuanto a lo señalado en el presente artículo, a lo dispuesto en esta Ley y a las demás disposiciones aplicables, y

b) Tratándose de mandamientos de embargo dictados por la autoridad judicial o administrativa, la Comisión Nacional para la Protección y Defensa de los Usuarios de Servicios Financieros determinará los bienes de la Institución que deban afectarse en garantía exclusiva del cumplimiento de las obligaciones por las que se ordenó el embargo. La referida Comisión dictará las disposiciones de carácter general sobre el depósito de dichos bienes;

VI. El Código de Comercio y el Código Federal de Procedimientos Civiles, en ese orden, son supletorios de las reglas procesales contenidas en este artículo y son aplicables al juicio todas las instituciones procesales que establecen dichos ordenamientos;

VII. Los particulares podrán elegir libremente jueces federales o locales para el trámite de su reclamación, y

VIII. Las Instituciones tendrán derecho, en los términos de la legislación aplicable, a oponer todas las excepciones que sean inherentes a la obligación principal, incluyendo todas las causas de liberación de la fianza".

Bajo este precepto, cuando el Beneficiario haya tenido la razón, mediante sentencia ejecutoriada, se procederá en ejecución de sentencia a rematar valores propiedad de la Institución fiadora, en términos de lo que establece la Ley de Instituciones de Seguros y de Fianzas.

Cuando la Institución tenga la razón quedará a salvo y la reclamación presentada será dada de baja, liberando los recursos constituidos como pasivos contingentes.

Como se puede observar la Ley de Instituciones de Seguros y de Fianzas, nos da las reglas para substanciar los procedimientos en contra de las instituciones fiadoras por no haber cumplido, en su caso, el pago de una reclamación que dictaminó improcedente, para efectos el **código de comercio y el código federal de procedimientos civiles** en ese orden son supletorios de las reglas procesales que establece la cita de ley.

- ## Reglamento de Agentes de seguros y de Fianzas

La colocación de contratos de seguros de caución y de Fianzas en México, se realiza fundamentalmente a través de agentes y corredores, quienes obtienen para tal efecto una autorización por parte de la Comisión Nacional de Seguros y de Fianzas.

Una Vez que obtienen esa patente para intermediar, celebran con las Instituciones contratos de comisión mercantil, para poder trabajar con cualesquiera de ellas sin limitación alguna.

En la mayoría de los países para poder intermediar seguros de caución o fianza, interviene la figura del agente por cuenta propia y agente persona moral.

El agente también conocido como corredor es un intermediario independiente que puede colocar sus negocios con cualquier institución aseguradora o afianzadora.

Los corredores no se limitan solo a la venta, sino que también realizan funciones de suscripción del riesgo, obtención de garantías, así como la entrega y cobro de primas, esto mediante un contrato de mandato que celebran con las diferentes Instituciones con quienes colaboran.

Sin embargo, la Ley de Instituciones de Seguros y de Fianzas, de la manera más genérica otorga dos tipos de agentes, de la siguiente manera:

Para los efectos de esta Ley y del reglamento de agentes de seguros y de fianzas, se consideran agentes de seguros a las personas físicas o morales que intervengan en la contratación de seguros mediante el intercambio de propuestas y aceptación de estas, comercialización y asesoramiento para celebrarlos, para conservarlos o modificarlos, según la mejor conveniencia de los contratantes.

Para los efectos de esta Ley de Instituciones de Seguros y de Fianzas, se consideran agentes de fianzas a las personas físicas o morales que intervengan en la contratación de fianzas mediante el intercambio de propuestas y aceptación de estas, comercialización y asesoramiento para contratarlas, conservarlas o modificarlas, según la mejor conveniencia de las partes". (Artículo 92 LISF)

Capítulo Tercero

I. Ramos en los que puede operar una *Institución de Fianzas* de acuerdo con lo que establece la Ley de Instituciones de Seguros y de Fianzas

La Ley de Instituciones de Seguros y de Fianzas, en específico, las Instituciones de Fianzas en *el artículo 32 establece* que dicha Ley aplicará a Las Instituciones de Fianzas cuyo objeto sea *otorgar fianzas a título oneroso*, y sus correspondientes ramos.

Así, *el artículo 36 de la ley de la materia* establece los ramos que deben **operar las Instituciones de Fianzas**, de la siguiente manera:

"Las autorizaciones para organizarse, operar y funcionar como Institución de Fianzas, se referirán a uno o más de los siguientes ramos y subramos de fianzas:

I. Fianzas de fidelidad, en alguno o algunos de los subramos siguientes:

a) Individuales, y
b) Colectivas;

II. Fianzas judiciales, en alguno o algunos de los subramos siguientes:

a) Judiciales penales;
b) Judiciales no penales, y
c) Judiciales que amparen a los conductores de vehículos automotores;

III. Fianzas administrativas, en alguno o algunos de los subramos siguientes:

a) De obra;
b) De proveeduría;
c) Fiscales;

d) De arrendamiento, y

e) Otras fianzas administrativas;

IV. Fianzas de crédito, en alguno o algunos de los subramos siguientes:

a) De suministro;

b) De compraventa, y

c) Otras fianzas de crédito, y

V. Fideicomisos de garantía, en alguno o algunos de los subramos siguientes:

a) Relacionados con pólizas de fianza, y

b) Sin relación con pólizas de fianza.

La operación de las fianzas de crédito a que se refiere la fracción IV de este artículo, estará sujeta a las disposiciones de carácter general que emita la Comisión, previo acuerdo de su Junta de Gobierno.

Las Instituciones de Fianzas podrán realizar el Reafianzamiento respecto de los ramos y subramos comprendidos en su autorización, con excepción de los previstos en la fracción V de este artículo".

Conforme a lo anterior haremos un breve recordatorio de los ramos antes citados, poniendo énfasis en nuestro tema central *la fianza judicial penal.*

La fianza de mercantil o de empresa, en México tuvo su origen en el siglo antepasado, fundamentalmente para garantizar la protección de los intereses de los patrones, ante la falta de honradez de sus trabajadores o servidores públicos, fianza que hoy se conoce como de *fidelidad.*

Desde entonces, por necesidades del desarrollo de la actividad económica y social en nuestro país, se presentaron más necesidades de afianzamiento, lo cual propició que la fianza mercantil o de empresa representara un papel fundamental como apoyo para el buen éxito de las operaciones mercantiles, profesionales, industriales y de servicios en general, al otorgar fianzas que garanticen obligaciones de dar, de hacer o de no hacer, considerando esto haremos un breve recorrido de cada ramo y de cómo funciona hoy en día para mayor comprensión.

Fianza de fidelidad [44]

"En la actualidad este ramo de fianzas en los sectores industriales y de servicios, es ampliamente desconocida, no obstante que las fianzas de Fidelidad llegaron a México en el año de 1895, a través de la American Surety Company de Nueva York. Así pues, en esta obra se estudiarán los aspectos más breves y trascendentales de este ramo importantísimo.

Antecedentes históricos de la fianza de fidelidad

Luis Ruiz Rueda, por los años cincuenta, comenta que *la fianza de empresa tiene su origen histórico en los contratos de seguro contra la infidelidad patrimonial de los criados.*

En algunas notas refiere que las primeras actividades de afianzamiento *como negocio, tuvieron su origen en el seguro de honradez de los sirvientes, según se desprende de un aviso publicado en el Daily Post de Londres, el 10 de junio de 1720, relativo a la constitución de una sociedad a la que se podían afiliar los patrones contra los robos de sus criados.*

---

[44] Molina Bello Manuel, La Fianza, Garantía por excelencia en México, editorial Tirant lo Blanch, 2015, págs. 51, 61.

Ruiz Rueda señala que no se tienen datos de si tuvo éxito o no esta empresa, a más de un siglo después se fundó la Guarantee Society of London, que si funcionó y aun fue objeto de una ley que expidió el parlamento en 1824, con el título de "An Act for Regulating Proceeings by or against "the guaratee Society" and for grandting Certa in Powers The reto"; ley que amplio el campo de estas operaciones a garantizar el manejo de funcionarios públicos.

De Inglaterra paso el negocio a los Estados unidos de Norteamérica, donde señala Ruiz Rueda que su desarrollo fue extraordinario y de allí vino a México en 1895.

Recordemos que en el capítulo de antecedentes históricos de la fianza expusimos que el 30 de junio de 1895 se expidió la primera ley relativa a compañías de fianzas en México, con el objeto de que el Ejecutivo Federal pudiera otorgar concesiones a compañías nacionales o extranjeras que caucionaran el manejo de empleados públicos o particulares en virtud de la influencia de Estados Unidos de Norte América en las actividades industriales y comerciales de aquella época.

Cabe recordar que la única aplicación que la ley de referencia tuvo fue el contrato de concesión del 15 de junio de 1895, otorgado por la Secretaría de Hacienda a favor de la American Surety Company de New York, para que establecieran en México una sucursal y se dedicara a otorgar fianzas que garantizaran el fiel manejo de empleados públicos y privados. Cuando estaba por fenecer la vigencia del contrato, la Secretaría de Hacienda inició ante el congreso una verdadera ley, que fue aprobada y promulgada el 24 de mayo de 1910, y desde entonces quitó toda aplicabilidad al artículo 640 del Código de Comercio, el ordenamiento regulador de las instituciones de fianzas hasta aquella época.

Resulta interesante observar los motivos por los cuales *las fianzas de fidelidad son el ramo I* en la Ley de Instituciones de Seguros y de Fianzas; pues destaca que la primera concesión para operar la fianza dada en México corresponde exclusivamente a la fianza de fidelidad de esa época, cuando tuvo mucho auge en México.

Actualmente, LA FIANZA DE FIDELIDAD catalogada como RAMO I, se ha desarrollado con el paso de los años y *el artículo 36 de la Ley de Instituciones de Seguros y de Fianzas,* manifiesta que *"Las autorizaciones para organizarse, operar y funcionar como Institución de Fianzas, se referirán a uno o más de los siguientes ramos o subramos de fianzas:*

I.   Fianzas de Fidelidad, en alguno o algunos de los subramos siguientes:

a)   Individuales, y
b)   Colectivas."

Definición de la fianza de fidelidad

La Ley de Instituciones de seguros y de fianzas, no aporta una definición de este ramo en particular, en tal virtud se presenta a continuación una definición propia.

La fianza de fidelidad *es un instrumento de protección patrimonial que garantiza a un patrón, la reparación o el pago por parte de la afianzadora, por los daños sufridos en cualquiera de los bienes de su propiedad o de aquellos de los que sea jurídicamente responsable, por hechos que provengan de conductas delictuosas de uno o varios de sus empleados.*

De la definición anterior se desprende lo siguiente:

I.   *La fianza de fidelidad es un instrumento de protección patrimonial* que garantiza una obligación de no hacer, es decir los afianzados no deben atentar en contra del patrimonio de su patrón, o sea no deben realizar la comisión de algún delito patrimonial en su contra.

II. Garantiza obligaciones de no hacer ante un patrón, es decir la fianza de fidelidad no se encuentra limitada a garantizar al patrón la infidelidad del fiado, pues comentaremos más adelante que es posible que el beneficiario no sea necesariamente el patrón del fiado.

III. La fianza garantiza al patrón el pago de los daños sufridos en cualquiera de sus bienes, por la comisión de algún delito realizado por cualquiera de los empleados afianzados. Al respecto es importante comentar que bajo ciertas circunstancias puede ampliarse el grado de responsabilidad de la compañía de fianzas, esto quiere decir que incluso cabe la posibilidad de que la afianzadora cubra responsabilidades de los prestadores de servicios a favor del beneficiario o contratante de la póliza.

IV. La fianza garantiza hechos que provengan de conductas delictuosas de uno o de varios de los empleados. Al respecto surge la siguiente interrogante ¿Por qué de conductas delictuosas? la respuesta se constriñe a recordar que la fianza es un contrato accesorio y que para su existencia requiere de una obligación principal para que surja a la vida jurídica, es decir la relación laboral entre el contratante patrón y el empleado, de aquí que sea necesaria la existencia de una responsabilidad del fiador de pago al beneficiario o acreedor principal, la cual consiste en que el fiado o trabajador se encuentra obligado a reparar el daño, derivado de la comisión de un delito patrimonial, en la vía de reembolso.

De la definición de la fianza de fidelidad, también se desprenden los elementos personales que intervienen en la operación de afianzamiento en este ramo.

Elementos personales que intervienen en una fianza de fidelidad.

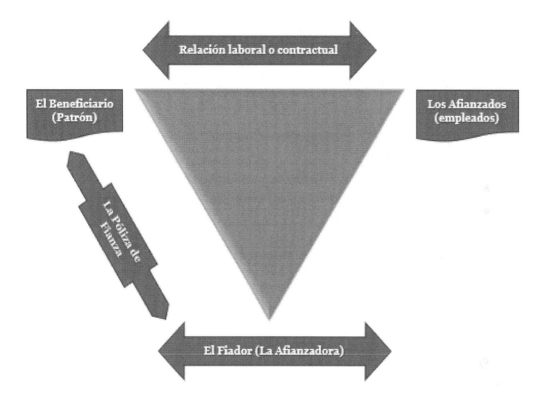

El fiador (La afianzadora)

El fiador es la institución de fianzas autorizada por la CNSF, para convertirse en garante de terceras personas (empleados), ante un beneficiario.

El beneficiario (patrón)

El beneficiario es la persona física o moral que solicita la póliza, para protegerse de responsabilidades patrimoniales que uno o varios de sus empleados pudieran realizar en su contra, derivado de algún delito patrimonial.

Los afianzados (empleados)

Los afianzados son las personas físicas amparadas en la cobertura de fianza de fidelidad y se pueden ser varios tipos de empleados:

a)   *Personal administrativo.* Son las personas que se encuentren en nómina y cuya actividad sea esencialmente de índole administrativa.

b)   *Obreros.* Son aquellas personas que desempeñan labores de índole exclusivamente manual, sin que tengan relación alguna con las de carácter administrativas y las inherentes al almacenaje, transporte, cobranza, recibo, entrega de mercancía y valores.

c)   *Vendedores y comisionistas.* Se entiende por tales a aquellas personas que habitual o circunstancialmente realicen actividades de venta de productos o servicios, pueden o no estar en la nómina.

d) *Los prestadores de servicios.* Son las personas que tienen una relación contractual con el beneficiario.

¿Que ampara la fianza de fidelidad en pólizas tradicionales?

La fianza de fidelidad ampara al patrón de los delitos que uno o varios de sus empleados pudieran cometer contra sus bienes o valores.

Dichos delitos, se encuentran clasificados, entre los llamados patrimoniales y son: robo, fraude, abuso de confianza y peculado.

A continuación, se definen los delitos citados:

a)　　*Robo*. Comete el delito de robo el que se apodera de una cosa ajena mueble, sin derecho y sin consentimiento de la persona que pueda disponer de ella con arreglo a la ley (art. 367 del *Código Penal para el Distrito Federal, hoy CDMX*).

b)　　*Fraude*. Comete el delito de fraude el que engañando a uno o aprovechándose del error en que éste se halla, se hace ilícitamente de alguna cosa o alcanza un lucro indebido (art. 386 del *Código Penal para el Distrito Federal, hoy CDMX*).

c)　　*Abuso de confianza*. Al que con perjuicio de alguien disponga para sí o para otro de cualquier cosa ajena mueble de la que se le haya trasmitido la tenencia y no el dominio (art. 382 del *Código Penal para el Distrito Federal, hoy CDMX*).

d)　　*Peculado*. Comete el delito de peculado todo servidor público que para usos propios o ajenos distraiga de su objeto dinero o valores, fincas o cualquier otra cosa perteneciente al Estado, al organismo descentralizado o a un particular, si por razón de su cargo los hubiera recibido en administración, en depósito u otra cosa (art. 223 fracción I. del *Código Penal para el Distrito Federal, hoy CDMX*).

Coberturas básicas de la fianza de fidelidad

En el sector afianzador se ha desarrollado una serie de coberturas básicas, dentro de la fianza de fidelidad, con el fin de hacerla accesible y obtener de ella resultados reales sobre cualquier tipo de empresa, sin importar su tamaño ni el giro al que se dedique.

La fianza de fidelidad tiene la ventaja de que puede adecuarse a cualquier sector, sea industrial o de servicios, de modo que alguno de los tipos de fianza, se adapte según sus necesidades específicas. Así tenemos que las *coberturas básicas* son Fianzas de tipo: individual, cédula, global, combinada y monto único para vendedores (MUV).

En seguida se analiza cada una de estas coberturas:

Fianza de Fidelidad de tipo Individual

Esta cobertura garantiza al patrón el pago o el resarcimiento del daño propiciado por los malos manejos de un solo empleado, ya sea administrativo o de ventas.

Características
* Afianza al empleado más riesgoso
* Se otorga una póliza para cada uno de los empleados
* Generalmente se solicitan garantías de recuperación

La expedición de esta cobertura es muy minuciosa, en virtud de que resulta poco práctico para el beneficiario controlar muchas pólizas con vencimientos diversos, si se decidiera por afianzar a varios empleados con pólizas individuales.

El sector afianzador tiene actualmente otra cobertura mucho más práctica para empresas que reúnen esos requerimientos: la fianza cédula, la cual se estudia a continuación.

Fianza de Fidelidad de Tipo Cédula

En esta cobertura se garantiza el pago o el resarcimiento del daño propiciado por los malos manejos de más de dos empleados administrativos o de ventas.

Características
- Se expide una sola póliza para varios empleados.
- Tiene una vigencia común.
- Cada afianzado tiene un monto igual o diferente.
- Existe la opción de imponer un deducible para disminuir la prima.

Este instrumento es conveniente para aquellas empresas en las que se desee afianzar a un número muy reducido de empleados o vendedores riesgosos.

Fianza de Fidelidad de Tipo Global

En esta cobertura también se garantiza el pago o el resarcimiento del daño propiciado por los malos manejos de uno o varios empleados administrativos de una empresa pues ampara los manejos del empleado de mayor jerarquía hasta el de menor categoría.

Características
- Es obligación del beneficiario afianzar a la totalidad del personal administrativo, con algunas excepciones.
- Tiene un monto único y global para todos los empleados, sin ser acumulativo, es decir tiene un límite único y combinado.
- Se pueden incluir los empleados de las filiales o sucursales.

- En caso de reclamación se puede reinstalar el monto de la fianza, ya que este disminuye en cada pago de reclamación procedente.
- Se puede establecer un deducible para disminuir la cuota.
- Se puede incluir a obreros sin ningún costo

Fianza de Fidelidad de Tipo Combinada

Esta cobertura garantiza el pago o el resarcimiento del daño propiciado por los malos manejos de uno o varios empleados administrativos o de ventas, que obedecen a necesidades específicas de afianzamiento.

Características
- Esta cobertura exige que se afiance a 11 empleados o más.
- Opera siempre con un deducible del 10% sobre pérdidas.
- Opera con un tope máximo por pagar en caso de reclamación.
- Existe reinstalación de monto sobre el tope máximo.

Cuando una empresa tiene un índice muy bajo en reclamaciones, es conveniente otorgar esta cobertura, pues existe un tope máximo y un deducible; además tiene como consecuencia que la tarifa sea mucho más económica en comparación con la fianza cédula.

Fianza de Fidelidad de Tipo Monto único para vendedores (global para personal de ventas o comisionistas de una empresa)

Esta cobertura también garantiza el pago o el resarcimiento del daño propiciado por los malos manejos de uno o varios vendedores o comisionistas de una empresa, ya que está diseñada para este tipo de personal.

Características
- El beneficiario tiene la obligación de incluir en la cobertura a todos los vendedores de la empresa.

- Tiene un solo monto para todos los vendedores, sin ser acumulativo, o sea límite único y combinado
- Opera con un deducible sobre pérdidas.
- Se puede reinstalar el monto en caso de reclamación.
- Se puede afianzar a los comisionistas.

En la fianza cédula y combinada se pueden afianzar los manejos de los vendedores de forma individual; sin embargo, la prima en estas coberturas suele ser mucho más costosa que en el caso de la fianza global para vendedores. Como ya se apuntó, ésta tiene un monto global para todos, lo cual permite que el pago de la prima sea menor que el de los casos anteriores

Cobertura complementaria (Exceso de las fianzas globales)

Esta cobertura se traduce en una fianza individual o cédula con sus características particulares y es un complemento a cualquiera de las coberturas globales.

Características
- Es una fianza complementaria.
- Su contratación es paralela a la de la cobertura básica.
- Su vigencia es igual a la básica.
- Tiene un monto adicional para el empleado o empleados para quienes se contrata.

Esta cobertura proporciona grandes ventajas a los beneficiarios, toda vez que de asignar montos complementarios a las personas que tengan mayores responsabilidades, esto ocasionará que no se sobreafiance al resto de los empleados que forman parte integral de la fianza básica. De lo contrario, si no existiera esta cobertura, los beneficiarios tendrían mayores erogaciones en el pago de las primas.

Documentos adicionales a las coberturas básicas

Los documentos adicionales forman parte de las coberturas básicas, hoy en día los documentos adicionales que se examinarán a continuación se contratan sin costo adicional en paralelo a la fianza básica.

Documento adicional de incremento automático

Con este documento se incrementa automáticamente el monto original de la fianza durante su vigencia, de acuerdo con un porcentaje y periodicidad para su aplicación, fijados anualmente por el beneficiario de la fianza. Este porcentaje se aplica sobre el monto de la cobertura básica, a fin de actualizarlo en relación con la causa dada por el beneficiario.

Características
*	Se incluye en la contratación de la fianza principal.
*	No genera ningún costo adicional, dependiendo de las condiciones generales de la póliza emitida por la Institución de que se trate.
*	Opera en las coberturas individual, cédula, global, combinada y monto único para vendedores (MUV).

Documento adicional de tarjeta de crédito empresarial

Este documento forma parte de una cobertura básica y opera cuando diversos funcionarios de una empresa tienen tarjeta de crédito empresarial para cubrir gastos relacionados con su puesto, para gastos de representación y viáticos, con este documento el beneficiario se protege de algún delito cometido por alguno de sus empleados, derivado del mal manejo de dicha tarjeta.

Características

- El monto de este documento se considera en la cobertura básica.
- Su monto será hasta del 50% de la cobertura básica.
- La contratación de este documento se realiza desde el inicio de la vigencia de la cobertura básica.
- Opera en todas las coberturas básicas.

Documento adicional de exceso de pérdida

Este documento garantiza al patrón la reparación del daño cuando una sola reclamación excede hasta 50% del monto de la fianza básica.

Características
- Se rehabilita sólo el monto de la cobertura básica
- Se contrata al inicio de la cobertura básica
- Opera en fianzas global y MUV.
- Funciona hasta por el 50% adicional de la cobertura básica

La conveniencia de considerar un deducible en las coberturas básicas
El objetivo principal de cotizar una fianza de fidelidad con deducible es disminuir su costo, para beneficio del cliente.

Como se vio en otro apartado, los deducibles forman parte de las características principales de las coberturas combinada y monto único para vendedores; sin embargo, se puede aplicar un deducible, ya sea fijo o sobre pérdidas en las coberturas individual, cédula y global.

El tipo de deducible que se recomienda a los beneficiarios de las pólizas es el que opera sobre pérdidas, el cual se puede aplicar de acuerdo con el porcentaje que desee el cliente, de conformidad con la tabla de deducibles que cada afianzadora tiene registrada y que en su oportunidad el asesor profesional les pueda recomendar, en primera instancia para bajar el costo de la prima y en segunda para que el beneficiario pueda contribuir cabalmente en la vigilancia de sus controles internos.

Asimismo, si se llegara a aplicar un deducible en cualesquiera de las coberturas básicas citadas y si paralelamente hubiese contratado un documento adicional, en caso de reclamación, el documento adicional seguirá la misma suerte y también le será descontado del pago de la reclamación el deducible que de forma proporcional le corresponda, por ende la vigencia de las fianzas de fidelidad son de cobertura anualizada como es el caso del seguro, pudiendo ser cancelada de manera anticipada, con la correspondiente devolución de primas.

Comercialización de la fianza de fidelidad

En los sectores industrial, comercial y de servicios el 80% de las Empresas en México, han tenido cuando menos un Fraude o un Abuso de Confianza durante el último lustro. El 49% de esos delitos, fue cometido por el personal propio de la empresa.

Los Delitos más comunes cometidos por empleados son: Robo de Inventarios, Administración Fraudulenta, Abuso de Confianza en bienes confiados al trabajador cuyo propietario es el patrón, o bienes de los que este es jurídicamente responsable cuando se trata de prestadores de personal u Outsourcing.

Los principales factores para que se realicen ilícitos son: Fallas en la supervisión de personal y ausencia de controles internos dentro de la organización.

¿Por qué se debe contar con una fianza de fidelidad?

- Porque ayuda a realizar y/o revisar controles internos de una empresa o grupo de empresas
- Impacta psicológicamente al empleado ya que, al saberse afianzado, piensa dos veces en realizar la comisión de algún delito patrimonial

• Es un instrumento que complementa al seguro de robo de efectivo y valores

• En época de crisis o recesión la empresa es más vulnerable en sufrir algún desfalco o quebranto por parte de los empleados, sobre todo en áreas de tesorería y almacén

• Esta cobertura es totalmente deducible de impuestos

• La fianza de fidelidad, como tal tiene una gran gama de coberturas, sin embargo, la cobertura ideal es la Global, la cual tiene las siguientes características:

a. Se afianza a todo el personal con un solo límite único y combinado.

b. Esta cobertura es totalmente autoadministrable, ya que no admite movimientos de altas ni bajas de personal

c. La Afianzadora no requiere de garantías de recuperación para los empleados (Artículo 171 LISF).

d. Se incluye a todas las Sucursales, filiales y oficinas de servicio, en caso de contar con ellas

e. Se afianza a todo el personal administrativo, de ventas y comisionistas, obreros sin costo, así como a los prestadores de servicios que no están en nómina

f. El costo beneficio frente a las coberturas individuales es infinitamente más conveniente."

g. Todas las fianzas de fidelidad tienen cobertura anual y pueden ser canceladas en cualquier momento, con la consecuente devolución de primas en función al trimestre en que se realiza la cancelación."

Fianzas Judiciales

En el capítulo segundo, ya fue abordada la definición de la fianza judicial, reiterando el concepto propio y manifestando que *<La Fianza Judicial es aquella que exige cualquier tipo de autoridad Judicial a una de las partes litigantes, dentro de un procedimiento judicial>,* dado que la Ley de instituciones de Seguros y de Fianzas no aporta concepto alguno.

Fianzas Judiciales o Ramo II. El artículo 36 de la Ley de Instituciones de Seguros y de Fianzas, manifiesta que: *"Las autorizaciones para organizarse, operar y funcionar como Institución de Fianzas, se referirán a uno o más de los siguientes ramos o subramos de fianzas:*

Fianzas Judiciales, en alguno o algunos de los subramos siguientes:

I.   *Judiciales Penales*
II.   *Judiciales no Penales*
III.   *Judiciales que amparen a los conductores de vehículos automotores"*.

El ramo judicial, en el mercado de fianzas ocupa un tercer sitio dentro de la comercialización, toda vez que su naturaleza es muy específica, en donde el *subramo penal* es el que más se coloca en el mercado de fianzas, por lo que toca a *las fianzas no penales*, quizá las que mas abundan son las que garantizan daños y perjuicios y aquellas que garantizan el pago de la pensión alimenticia, dejando en un tercer sitio a las fianzas judiciales no penales que amparan a los conductores de vehículos automotores, las cuales siempre van adheridas a los servicios legales que otorgan las aseguradoras en las pólizas de seguro de auto.

Este ramo será analizado en capítulo siguiente de manera individual y especifica, ya que es el tema que mas nos interesa en la presente obra.

Fianzas Administrativas [45]

"Quizá el ramo más generoso dentro de la clasificación de la fianza es el de las fianzas administrativas, las cuales corresponden al **ramo III.**

El artículo 36 de la Ley de Instituciones de Seguros y de Fianzas, manifiesta que *"Las autorizaciones para organizarse, operar y funcionar como Institución de*

---

[45] Molina Bello Manuel, Ob. Cit. editorial Tirant lo Blanch, 2015, págs. 116 – 132.

Fianzas, se referirán a uno o más de los siguientes ramos o subramos de fianzas:

III. Fianzas Administrativas, en alguno o algunos de los subramos siguientes:

a) De Obra,
b) De proveeduría;
c) Fiscales,
d) De arrendamiento, y
e) Otras fianzas administrativas"

En la actualidad cabe señalar que este tipo de fianzas son las más utilizadas en todos los sectores de la producción, obra y servicios, de modo que el gobierno federal, estatal y municipal son los principales consumidores de fianzas de este ramo.

Tan es así, que exigen a sus contratistas, proveedores y contribuyentes una fianza para garantizar las obligaciones que contraigan con algunas de las entidades de la Administración Pública Federal, estatal y municipal, lo anterior sin menos cabo que los particulares cada vez solicitan más fianzas que de manera convencional determinan en sus contratos.

Como se señaló, este ramo es el más amplio por la diversidad de conceptos afianzables, sin más limitación que observar la característica de válida y legal de la obligación por garantizar, esto quiere decir, que las fianzas de este ramo pueden ser muy extensas porque para que exista una fianza, es necesario que la obligación a garantizar tiene que ser válida, legal y de contenido económico como característica principal.

Para ejemplificar el contexto de los conceptos citados, se mencionará el objeto de los más representativos y comunes, ya que para este ramo no existe una clasificación que pudiera determinar un número específico de obligaciones garantizadas, como en los demás ramos. Así pues, veamos la siguiente:

Definición de fianza administrativa

La fianza administrativa en mi concepto es aquella que garantiza cualquier obligación válida, legal y de contenido económico, la cual es celebrada entre un particular (fiado), persona física o moral, ante un particular o una entidad de la Administración Pública Federal, Estatal o Municipal (beneficiario), en donde la institución fiadora debe pagar el incumplimiento o cumplir la obligación principal garantizada.

De esta definición, se derivan los siguientes elementos personales que intervienen en una fianza administrativa:

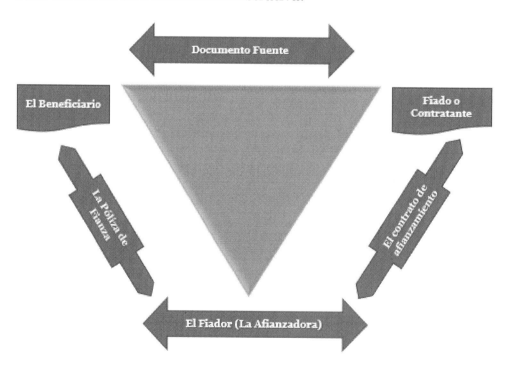

El fiador (La afianzadora)

Es la Institución de Fianzas autorizada por la CNSF, para convertirse en garante de terceras personas (el fiado), ante un beneficiario.

El fiado

Es la persona física o moral quien solicita a la afianzadora la póliza de fianza, para garantizar obligaciones derivadas de un contrato o pedido.

El beneficiario

El particular o las Dependencias de la Administración Pública Federal, Estatal o Municipal.

Conceptos afianzables más comunes

En este tercer ramo existen beneficiarios que de forma habitual requieren y exigen fianzas a contratistas de obra, proveedores, arrendatarios, contribuyentes, permisionarios, aerolíneas, etcétera.

En este apartado se analizarán los conceptos citados, en los cuales y a lo largo del presente libros se señalará en qué casos opera la fianza administrativa.

a)   Fianzas para contratistas de obra

En todos los casos, cuando una persona física o moral participa en una construcción ante gobierno, La Ley de Obras Públicas y Servicios Relacionados con las mismas y su Reglamento exigen al constructor de una obra, por conducto del contratante de la obra, algunas garantías, como: cheque certificado, carta de crédito, fianza y ya en muchos casos el seguro de caución.

Cuando la garantía consiste en fianza, el beneficiario de la póliza exigirá al constructor los tipos de fianza o modalidades siguientes: concurso, anticipo, cumplimiento y defectos, vicios ocultos, mala calidad o cualquier otra responsabilidad atribuible al contratista.

Estos tipos de fianza son solicitados por las dependencias del gobierno en todos sus niveles y son reguladas por la Ley de Obras públicas y Servicios Relacionados con las mismas (LOPSR), la cual es de orden público y tiene por objeto reglamentar la aplicación del artículo 134 de la Constitución Política de los Estados Unidos Mexicanos en materia de contrataciones de obras públicas, así como de los servicios relacionados con las mismas, que realicen.

Así pues, analicemos los siguientes tipos de fianza administrativa:

Garantía de Anticipo

Esta fianza tiene su origen en los contratos de obra que se celebran entre los particulares (contratistas de obras) y las dependencias de gobierno en todos sus niveles, derivado de una licitación en cualquiera de sus modalidades. Dicha fianza se emite para garantizar que la suma entregada, precisamente con el carácter del anticipo a cuenta del importe total de un contrato, se devolverá total o parcialmente si no se aplicó o invirtió de forma específica y exclusiva en el objeto materia del contrato, en tal caso, el beneficiario podrá hacer efectiva la fianza.

En otro orden de ideas, la fianza de anticipo garantiza la correcta inversión o la devolución total o parcial del anticipo otorgado al contratista, para el inicio de obra y compra de materiales y equipo.

"Los contratistas que celebren los contratos a que se refiere la Ley de Obras Públicas y Servicios Relacionados con las mismas deberán garantizar:

VII.   Los anticipos que reciban. Estas garantías deberán presentarse en la fecha y lugar establecidas en la convocatoria a la licitación o en su defecto, dentro de los quince días naturales siguientes a la fecha de notificación del fallo y por la totalidad del monto de los anticipos" ...(Artículo 48 LOPSR).

"El otorgamiento del anticipo se deberá pactar en los contratos y se sujetará a lo siguiente:

I. El importe del anticipo concedido será puesto a disposición del contratista con antelación a la fecha pactada para el inicio de los trabajos; el atraso en la entrega del anticipo será motivo para diferir en igual plazo el programa de ejecución pactado. Cuando el contratista no entregue la garantía de anticipo dentro del plazo señalado en el artículo 48 de esta Ley, no procederá el diferimiento y, por lo tanto, deberá iniciar los trabajos en la fecha establecida originalmente. El otorgamiento del anticipo podrá realizarse en una sola exhibición o en varias parcialidades, debiendo señalarse tal cuestión en la convocatoria a la licitación y en el contrato respectivo;

II. Las dependencias y entidades podrán otorgar hasta un treinta por ciento de la asignación presupuestaria aprobada al contrato en el ejercicio de que se trate para que el contratista realice en el sitio de los trabajos la construcción de sus oficinas, almacenes, bodegas e instalaciones y, en su caso, para los gastos de traslado de la maquinaria y equipo de construcción e inicio de los trabajos; así como, para la compra y producción de materiales de construcción, la adquisición de equipos que se instalen permanentemente y demás insumos que deberán otorgar.

Tratándose de servicios relacionados con las obras públicas, el otorgamiento del anticipo será determinado por la convocante atendiendo a las características, complejidad y magnitud del servicio; en el supuesto de que la dependencia o entidad decida otorgarlo, deberá ajustarse a lo previsto en este artículo;

III. El importe del anticipo deberá ser considerado obligatoriamente por los licitantes para la determinación del costo financiero de su proposición;

IV. Cuando las condiciones de los trabajos lo requieran, el porcentaje de anticipo podrá ser mayor, en cuyo caso será necesaria la autorización escrita del titular de la dependencia o entidad o de la persona en quien éste haya delegado tal facultad;

V.	Cuando los trabajos rebasen más de un ejercicio presupuestario, y se inicien en el último trimestre del primer ejercicio y el anticipo resulte insuficiente, las dependencias o entidades podrán, bajo su responsabilidad, otorgar como anticipo hasta el monto total de la asignación autorizada al contrato respectivo durante el primer ejercicio, vigilando que se cuente con la suficiencia presupuestaria para el pago de la obra por ejecutar en el ejercicio de que se trate.

En ejercicios subsecuentes, la entrega del anticipo deberá hacerse dentro de los tres meses siguientes al inicio de cada ejercicio, previa entrega de la garantía correspondiente. El atraso en la entrega de los anticipos será motivo para ajustar el costo financiero pactado en el contrato, y

VI.	Las dependencias y entidades podrán otorgar anticipos para los convenios que se celebren en términos del artículo 59 de esta Ley, sin que pueda exceder el porcentaje originalmente autorizado en el contrato respectivo.

Para la amortización del anticipo en el supuesto de que sea rescindido el contrato, el saldo por amortizar se reintegrará a la dependencia o entidad en un plazo no mayor de diez días naturales, contados a partir de la fecha en que le sea comunicada al contratista la determinación de dar por rescindido el contrato.

El contratista que no reintegre el saldo por amortizar en el plazo señalado cubrirá los cargos que resulten conforme con lo indicado en el párrafo primero del artículo 55 de esta Ley…" (Artículo 50 LOPSR).

Para iniciar con el análisis y expedición de una fianza de anticipo puede ser, en principio con copia del acta de fallo, caratula de contrato o con el contrato de obra que corresponda aun cuando no este firmado y esta una vez cumplido su cometido puede ser cancelada con el escrito del beneficiario donde autorice la cancelación de la fianza, o donde exprese de manera escrita que invirtió y amortizó al 100 % el anticipo otorgado. También de manera administrativa se puede cancelar con el acta formal de entrega recepción de los trabajos derivados del mismo contrato.

Garantía de Cumplimiento

Este tipo de fianza garantiza el debido cumplimiento del contrato de obra, tanto en la correcta ejecución como en la oportuna entrega del trabajo encomendado.

La fianza de cumplimiento puede ser emitida en principio con copia del acta de fallo, caratula de contrato o con el contrato de obra que corresponda.

La garantía que se otorgue al beneficiario ya sea particular o dependencia para el cumplimiento del contrato se ajustará a lo siguiente:

"Los contratistas que celebren los contratos a que se refiere esta Ley deberán garantizar:

II.   El cumplimiento de los contratos. Esta garantía deberá presentarse en la fecha y lugares establecidos en la convocatoria de la licitación o en su defecto, dentro de los quince días naturales siguientes a la fecha de notificación del fallo." (Artículo 48 LOPSR)

"La garantía de cumplimiento de las obligaciones derivadas del contrato no podrá ser menor al diez por ciento del monto total autorizado al contrato en cada ejercicio, sin perjuicio de lo dispuesto en el artículo 48 de la Ley. La garantía de cumplimiento se hará efectiva por el monto total de la obligación garantizada salvo que, por la naturaleza de las obras y servicios, en el contrato se haya estipulado la divisibilidad de la misma.

La garantía de cumplimiento deberá ser entregada a la dependencia o entidad dentro de los quince días naturales siguientes a la fecha en que el licitante a quien se le haya adjudicado el contrato reciba la notificación del fallo, pero invariablemente antes de la firma del contrato.

En aquellos contratos cuyo plazo de ejecución supere un ejercicio presupuestal, se estará a lo dispuesto en el artículo 92 de este Reglamento.

Las modificaciones en monto o plazo de los contratos conllevarán el respectivo ajuste a la garantía de cumplimiento. Cuando se trate de un incremento en el monto o una ampliación en el plazo que no se encuentren cubiertos por la garantía originalmente otorgada, deberá estipularse en el convenio modificatorio respectivo el plazo para entregar la ampliación de la garantía, el cual no deberá exceder de diez días naturales siguientes a la firma de dicho convenio, así como incluirse una cláusula resolutoria del convenio en el caso de que la ampliación de garantía no sea entregada en el plazo señalado. Tratándose de fianza, el ajuste correspondiente se realizará conforme a lo dispuesto por la fracción II y el último párrafo del artículo 98 del presente Reglamento." (Artículo 91 Reglamento de la Ley de Obras Públicas y Servicios Relacionados con las mismas.)

Esta fianza puede ser cancelada con el escrito del beneficiario donde autorice la cancelación de la fianza, o donde exprese que entregó al 100 % en tiempo y forma dichos trabajos. También de manera administrativa se puede cancelar con el acta formal de entrega recepción de los trabajos.

Garantía de Defectos, Vicios Ocultos o Cualquier otra Responsabilidad

Esta fianza garantiza la corrección de los defectos que pudieran aparecer durante el periodo de la garantía, los vicios ocultos o cualquier otra responsabilidad atribuible al contratista de conformidad con las especificaciones estipuladas en la cotización y contrato de obra.
Este tipo de fianza se puede solicitar con el acta de recepción de los trabajos como documento fuente, la cual tendrá una vigencia de 365 días a partir de la fecha de dicha acta física.

"Cuando aparezcan defectos, vicios ocultos o cualquier otra responsabilidad atribuible al contratista en los trabajos realizados dentro del plazo cubierto por la garantía a que se refiere el artículo anterior, la dependencia o entidad deberá

hacerlo del conocimiento de la afianzadora, en caso de que la garantía se hubiere constituido mediante fianza, a efecto de que ésta no sea cancelada y notificarlo por escrito al contratista, para que éste haga las correcciones o reposiciones correspondientes, dentro de un plazo máximo de treinta días naturales; transcurrido este término sin que se hayan realizado, la dependencia o entidad procederá a hacer efectiva la garantía. Si la reparación requiere de un plazo mayor, las partes podrán convenirlo, debiendo continuar vigente la garantía. Tratándose de fianza, el ajuste correspondiente se realizará conforme a lo dispuesto por la fracción II y el último párrafo del artículo 98 del presente Reglamento." (Artículo 96 Reglamento de la Ley de Obras Públicas y Servicios Relacionados con las mismas.)

Este tipo de fianza puede ser emitida con dicha acta formal de recepción y se puede cancelar una vez transcurridos doce meses, contados a partir de la fecha del acta de recepción física de los trabajos, siempre que durante ese periodo no haya surgido una responsabilidad a cargo del contratista, en términos de los Artículos 95 y 98 del Reglamento de la Ley de Obras Públicas y Servicios Relacionados con las mismas.

b)   Fianzas para Proveedores

Al igual que en el rubro anterior, se requieren de los mismos tipos de fianzas con la diferencia que, para obtener fianza, los proveedores deben realizar un suministro o pedido u ofrecer un servicio al gobierno o particulares; a su vez, siempre el gobierno en todos sus niveles exige de forma obligatoria las fianzas siguientes: concurso (excepcionalmente), anticipo y cumplimiento.

Estas fianzas son reguladas por la Ley de Adquisiciones, Arrendamientos y Servicios del Sector Público y su tramitación es semejante a las del rubro anterior.

Estos tipos de fianza son solicitados por las dependencias que a continuación se mencionan y son reguladas por la Ley de Adquisiciones, Arrendamientos y Servicios del Sector Público (LAASSP), *"la cual es de orden público y tiene por objeto reglamentar la aplicación del artículo 134 de la Constitución Política de los Estados Unidos Mexicanos en materia de materia de las adquisiciones, arrendamientos de bienes muebles y prestación de servicios de cualquier naturaleza que realicen:*

I. *Las unidades administrativas de la Presidencia de la República;*

II. *Las Secretarías de Estado y la Consejería Jurídica del Ejecutivo Federal;*

III. *La Procuraduría General de la República;*

IV. *Los organismos descentralizados;*

V. *Las empresas de participación estatal mayoritaria y los fideicomisos en los que el fideicomitente sea el Gobierno Federal o una entidad paraestatal, y*

VI. *Las entidades federativas, los municipios y los entes públicos de unas y otros, con cargo total o parcial a recursos federales, conforme a los convenios que celebren con el Ejecutivo Federal"*. (Artículo 1 LAASSP)

Antes de entrar al análisis de los tipos de fianza que garantizan las adquisiciones debemos incursionar en todas las variantes de lo que son las adquisiciones, arrendamientos y servicios, de acuerdo con lo siguiente:

"En las adquisiciones, arrendamientos y servicios, quedan comprendidos:

I. *Las adquisiciones y los arrendamientos de bienes muebles;*

II. *Las adquisiciones de bienes muebles que deban incorporarse, adherirse o destinarse a un inmueble, que sean necesarios para la realización de las obras públicas por administración directa, o los que suministren las dependencias y entidades de acuerdo con lo pactado en los contratos de obras públicas;*

III. *Las adquisiciones de bienes muebles que incluyan la instalación, por parte del proveedor, en inmuebles que se encuentren bajo la responsabilidad de las dependencias y entidades, cuando su precio sea superior al de su instalación;*

IV.   La contratación de los servicios relativos a bienes muebles que se encuentren incorporados o adheridos a inmuebles, cuyo mantenimiento no implique modificación alguna al propio inmueble, y sea prestado por persona cuya actividad comercial corresponda al servicio requerido;

V.   La reconstrucción y mantenimiento de bienes muebles; maquila; seguros; transportación de bienes muebles o personas, y contratación de servicios de limpieza y vigilancia;

VI.   La prestación de servicios de largo plazo que involucren recursos de varios ejercicios fiscales, a cargo de un inversionista proveedor, el cual se obliga a proporcionarlos con los activos que provea por sí o a través de un tercero, de conformidad con un proyecto para la prestación de dichos servicios;

VII.   La prestación de servicios de personas físicas, excepto la contratación de servicios personales subordinados o bajo el régimen de honorarios;

VIII.   La contratación de consultorías, asesorías, estudios e investigaciones, y

IX.   En general, los servicios de cualquier naturaleza cuya prestación genere una obligación de pago para las dependencias y entidades, salvo que la contratación se encuentre regulada en forma específica por otras disposiciones legales.

Corresponderá a la Secretaría de la Función Pública, a solicitud de la dependencia o entidad de que se trate, determinar si un servicio se ubica en la hipótesis de esta fracción." (Artículo 3 LAASSP)

Con relación a el procedimiento de contratación La Ley de Adquisiciones otorga el mismo procedimiento que para el de la Ley de Obra, es decir por Licitación pública; Invitación a cuando menos tres personas, o por Adjudicación directa, también las Licitaciones pueden ser Nacionales o Internacionales, lo cual omitiré su análisis en obvio de repeticiones, por haber sido tratado en la Ley de Obra lo cual es muy similar.

Las fianzas de Anticipo y cumplimiento pueden otorgarse con cualquiera de los siguientes documentos fuente, es decir acta de fallo, la caratula del contrato o pedido o con el contrato o pedido celebrado entre la dependencia y el proveedor.

El monto de la garantía de anticipo será por el 100% del anticipo otorgado, la fianza de cumplimiento su monto deberá fluctuar entre el 10% y el 30% del importe total del contrato de acuerdo con el reglamento de la Ley de Adquisiciones, el cual no menciona garantía de buena calidad para este rubro de proveeduría.

c) *Fianzas de interés fiscal*

Estas fianzas se expiden para garantizar las obligaciones fiscales de particulares frente al Estado en su carácter de fisco o titular de la Hacienda Pública.

La garantía de interés fiscal mediante una fianza representa el medio más expedito y menos costoso para detener un procedimiento administrativo de ejecución. En este gran apartado se mencionan a continuación los tipos más representativos de fianzas de interés fiscal:

Inconformidades Fiscales. Garantiza la suspensión del Procedimiento Administrativo de Ejecución y estará en vigor en tanto no se resuelve el recurso interpuesto por el fiado en contra de un crédito fiscal. Este tipo de recursos puede tener las siguientes variantes de inconformidad.

En este grupo existen diversas fianzas que garantizan el pago de créditos fiscales derivados de algún procedimiento de inconformidad promovido por los contribuyentes en contra de diversas autoridades fiscales. Dichas inconformidades se pueden presentar en contra de supuestas diferencias derivadas de pagos de impuestos, derechos, cuotas, multas, etc. y pueden ser federales, estatales o municipales.

Impuestos. - Cuando una persona física o moral es requerida por diferencias de impuestos en cualesquiera de sus modalidades y presume que el fisco no tiene la razón, puede promover el recurso de inconformidad ante la misma autoridad requirente, la cual exigirá una fianza al contribuyente para que garantice el pago de los créditos fiscales hasta que se resuelva el recurso de inconformidad, en definitiva.

Derechos. - En este caso se presenta la misma circunstancia que en el anterior, pero en situaciones derivadas de diferencias de pago de agua y derechos prediales.

Cuotas. - En esta modalidad, las fianzas se derivan de la falta de pago o de las diferencias de cuotas obreros patronales al Instituto Mexicano del Seguro Social. En este caso, las citadas autoridades requieren de pago a las empresas que deban cumplir con estas aportaciones y que no lo han hecho adecuadamente, o que consideren infundado el requerimiento. En esta virtud, pueden representar el recurso de inconformidad ante dichas autoridades, las cuales exigirán fianza a los recurrentes para garantizar el pago de los supuestos créditos fiscales.

Multas. - En este caso, también se presenta inconformidad ante la autoridad que multó a la persona moral, en lo relativo a pesos y medidas. Cuando la persona presuma que la multa es improcedente e infundada, podrá inconformarse y exhibir fianza que garantice el pago del crédito fiscal, y podrá eximirse del pago siempre que la resolución sea en favor del inconformado.

En los cuatro casos, el monto de la fianza es por el 100% del crédito determinado por la autoridad fiscal, más recargos y actualizaciones.

Juicios de Nulidad. - Garantiza la suspensión del Procedimiento Administrativo de Ejecución y estará en vigor en tanto no se resuelve el recurso interpuesto por el fiado en contra de un crédito fiscal, este tipo de garantía, procede impugnar ante el Tribunal Superior de Justicia Fiscal y Administrativa por los conceptos señalados para todos los casos de la modalidad anterior, o sea por impuestos, multas, derechos, contribuciones, etc.

Fianzas en materia de Comercio Exterior. - Garantiza el interés fiscal con motivo de inconformidad en la aplicación de tarifa arancelaria aplicable a mercancías que se importan o exportan.

Por lo que en cumplimiento a lo dispuesto por los artículos 28-A de la LIVA y 15-A de la LIEPS, los contribuyentes que no ejerzan la opción de certificarse, que establece la regla 5.2.13., de las RCGMCE, podrán optar por no pagar el IVA y/o el IEPS, en la introducción de bienes a los regímenes aduaneros que las citadas normas prevén, siempre que garanticen el interés fiscal, mediante fianza o carta de crédito, otorgada por institución del sistema financiero autorizada.

Para poder otorgar todas las modalidades anteriores, es necesario sean dictaminadas para determinar la viabilidad jurídica, por parte del área jurídica de la Afianzadora, toda vez que en la actualizad estas fianzas representan un riesgo mayor, en comparación con el resto de otro tipo de fianzas.

El documento fuente necesario para realizar el dictamen en su conjunto son:

a).- Resolución determinante del crédito fiscal y su correspondiente notificación
b).- Medio de impugnación que el fiado haya interpuesto, como es recurso de inconformidad, recurso de revocación, demanda de nulidad, etc.
Es menester comentar que actualmente existe un texto de fianza único para este tipo de fianzas de interés fiscal.

d)   *Fianza de arrendamiento de bienes inmuebles*

En este caso hay varios tipos de fianza de arrendamiento, como son para casa habitación, para renta de oficina, local comercial, naves industriales inclusive fianzas de arrendamiento de bienes muebles.

En el primer caso la fianza de arrendamiento para casa habitación el fiado es el inquilino o arrendatario, la fianza generalmente es por un año, toda vez que el

Código Civil para el Distrito Federal, hoy ciudad de México exige que los contratos de arrendamiento para habitación son forzosos por un año.

Las otras modalidades de fianza de arrendamiento para oficina o local comercial, la vigencia será la que se establezca en alguna de las cláusulas del contrato, la cual por lo regular son mayores a un año.

La fianza se pide al arrendatario o inquilino para que garantice solo el pago de las rentas derivadas del arrendamiento de algún inmueble.

Dicha fianza se creó para proteger los intereses de los arrendadores de inmuebles, principalmente de casas-habitación, bodegas, locales comerciales e industriales.

El monto de la fianza debe ser por la suma de las mensualidades de renta por cobrar consignadas en el contrato de arrendamiento.

Para obtener la fianza de arrendamiento, es necesario contar con el contrato de arrendamiento aun cuando no esté debidamente suscrito por las partes, como documento fuente. La cancelación es automática a su vencimiento por ser una obligación de pago.

e)   *Otras fianzas administrativas*

Fianzas de Permiso y autorizaciones. - En este tipo de fianzas administrativas, existen las fianzas de permisos y autorizaciones, las cuales garantizan el cumplimiento de obligaciones derivadas de sorteos, rifas, transportes de carga y urbanizaciones.

Fianzas para Rifas y Sorteos. -Garantiza la entrega de los premios a los beneficiarios con las cantidades y características anunciadas, para efectos el beneficiario para este tipo de fianza es la Secretaría de Gobernación.

***Fianzas de Concesiones.* -** Las fianzas de concesiones son un rubro de gran importancia en la actividad económica del país, toda vez que con ellas se puede garantizar el cumplimiento de obligaciones derivadas de la explotación de minas, patentes, marcas, comunicaciones, también:

Agentes Aduanales.- Garantiza las posibles responsabilidades en que pudieran incurrir los agentes aduanales por desempeño de su gestión que es autorizada.

Notarios Públicos. - Responde por las posibles responsabilidades en que lleguen a incurrir en sus funciones los notarios.

Prestador de un Servicio Público Federal. - Garantiza las posibles responsabilidades en que se pueda incurrir con motivo de la prestación del servicio público federal.

Corredor Público. - Garantiza las posibles responsabilidades en que pudieran incurrir los corredores públicos en el desempeño de su gestión que es autorizada.

Contratos de Concesión en general. - Se deben afianzar todos los contratos de concesión derivados de radio, televisión, telefonía, etc.

Fianzas ante aerolíneas

Las aerolíneas son consumidores potenciales de fianzas, en virtud de que las agencias de viajes que manejen boletaje de dichas aerolíneas deberán garantizar con fianza el buen manejo del boletaje encomendado. En la actualidad, las agencias de viajes deben garantizar dichas obligaciones con dos pólizas: una ante aerolíneas nacionales y otra ante aerolíneas internacionales, a través de la IATA.
El monto o suma afianzada será determinado por la aerolínea, según la importancia de cada agencia de viajes solicitante y en función del manejo de boletaje encomendado".

Fianzas de Crédito

RAMO IV, Introducción [46]

"El crédito es una actividad fundamental en cualquier economía, de modo que puede considerarse un ejemplo de la evolución económica de los pueblos. Así, el desarrollo económico de cualquier país es paralelo a su sistema financiero, en tanto que la estructura del sistema financiero mexicano permite al Estado y a la iniciativa privada, intervenir en el fomento y promoción de las actividades económicas del país.

La estructura y reglamentos legales de las actividades financieras de México llevan en sí no sólo el propósito de beneficiar a quienes la manejan o aportan sus recursos, sino también proteger el dinero ajeno que manejan las instituciones financieras, mediante normas y exigencias que deben cubrir para asegurar la recuperación de estos recursos.

De aquí la importancia que tiene en estas actividades la fianza de crédito, al respaldar y garantizar las operaciones de crédito y financiamiento.

---

[46] Molina Bello Manuel, ídem, págs. 162-170.

Definición de fianza de crédito

La fianza de crédito es una póliza que garantiza el cumplimiento de las obligaciones relacionadas con el pago de una determinada suma de dinero.

Del concepto antes referido, se derivan los siguientes elementos personales que intervienen en una fianza de crédito.

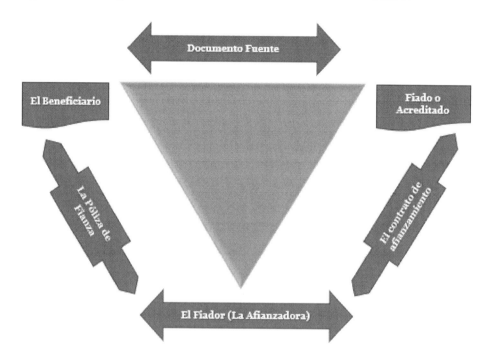

El fiador (La afianzadora)
Es la Institución de Fianzas autorizada por la CNSF, para convertirse en garante de terceras personas (el fiado), ante un beneficiario y garantizar un pago.

El fiado (Deudor principal)
Es la persona física o moral quien solicita a la afianzadora la póliza de fianza, para garantizar las obligaciones de pago

El beneficiario (el acreedor)

El particular que otorga un crédito o financiamiento al fiado o deudor principal.

Antecedentes de la fianza de crédito

Como se sabe, el 24 de agosto de 1990, el Gobierno Federal autorizó la emisión de fianzas de crédito, las cuales fueron modificadas el 24 de agosto de 1994 y luego derogadas por las reglas generales para la expedición de fianzas que garantizan operaciones de crédito, publicadas en el Diario Oficial de la Federación el 25 de mayo del 2000.

Con fecha 22 de diciembre de 2014, fue publicada en el Diario Oficial de la Federación la *Circula Única de Seguros y Fianzas, la cual entra en vigor el 4 de abril de 2015,* sobre este particular se comenta en el Transitorio Tercero de dicha Circular que se dejan sin efecto diversas disposiciones, incluyendo las Reglas de Carácter General para fianzas que garanticen operaciones de crédito y en su lugar aparece el capítulo de Operaciones Especializadas, las cuales se regulan por la Circular única de seguros y de fianzas (CUSF) en el Título 19, el cual se abordará adelante.

Modalidades de las fianzas de crédito de acuerdo con el artículo 36 de la ley de Instituciones de Seguros y de Fianzas:

"Las autorizaciones para organizarse, operar y funcionar como Institución de Fianzas, se referirán a uno o más de los siguientes ramos y subramos de fianzas...:

V.   Fianzas de crédito, en alguno o algunos de los subramos siguientes:

a)   De suministro;

b)   De compraventa, y

c)   Otras fianzas de crédito"

A continuación, abordaremos las modalidades más representativas de este Ramo IV.

I.- El pago derivado de operaciones de compraventa de bienes y servicios de distribución mercantil.

Definición de compraventa

La compraventa es un contrato en virtud del cual una de las partes llamada vendedor, se obliga a transferir la propiedad de una cosa o de un derecho a otro llamado comprador, quien se obliga a pagar por él un precio cierto y en dinero.

Cuando un vendedor realiza una venta a crédito puede exigir a su deudor una fianza que garantice el pago derivado de dicha operación de compraventa de algún bien. El mismo procedimiento se efectuará para las operaciones de compraventa de algún servicio.

Características
• Que se realice alguna operación de compraventa de bienes o servicios.
• Que se transfiera la propiedad de algún bien.
• Que el comprador pague un precio cierto y en dinero.

II. *El pago derivado de operaciones de distribución mercantil.*

Definición de distribución mercantil

La distribución mercantil es un contrato en virtud del cual una de las partes llamada distribuyente, se compromete a entregar a otra llamada distribuidor, una cantidad determinada de mercancías, a cambio de un precio cierto y en dinero, en plazos y cantidades estipuladas en el mismo contrato.

Cuando un distribuyente o fabricante suministra mercancías a crédito a otra persona física o moral, aquél estará en posibilidad de exigir una fianza que garantice el pago de tales mercancías, en los plazos consignados en el contrato respectivo.

Características

• Que exista un contrato de distribución mercantil.

• Que se determine el tipo de mercancía, cantidad y plazo de pago.

• Que el precio pactado sea en dinero.

• Si la mercancía no puede ser comercializada, por vicios o por no reunir estándares mínimos de calidad, por causas ajenas al distribuidor, dicha mercancía deberá devolverse al distribuyente, sin cargo a la fianza.

III. Fianza de suministro de gasolina ante PEMEX

Esta fianza es única para clientes (ESTACIONES DE SERVICIO) que compran a crédito productos de Petróleos Mexicanos (PEMEX).

¿Qué garantiza la póliza? El debido cumplimiento de las obligaciones que adquieran los clientes de PEMEX, relacionadas con el pago, dentro del plazo que les conceda, de los productos que le vende a crédito.

Características

• Mediante una póliza de fianza maestra que celebra la Afianzadora participante con PEMEX u otro grupo privado de distribuidores de gasolinas, se establecen las condiciones de la garantía para los clientes de PEMEX o particulares que se incorporen a una póliza global.

• En esta fianza se podrá incluir a cualquier cliente de PEMEX o distribuidor particular que reúna los requisitos, independientemente de la entidad federativa donde se encuentre domiciliado.

• La afianzadora responderá hasta el importe de la garantía individual por cada cliente, que deberá ser igual al monto de la línea de crédito autorizada por PEMEX o particulares.

• En la línea de crédito se incluirá la cantidad que determine el beneficiario por concepto de intereses moratorios, que quedarán garantizados por la fianza.

• Definir con claridad la forma de aplicar los pagos del cliente al beneficiario.

• La afianzadora expedirá un documento de aceptación al incluir al cliente.

• La vigencia de la fianza es anual

• Una vez integrado el expediente de la estación de servicio la Afianzadora emitirá ante el beneficiario la póliza electrónica, previo pago de la prima

IV.- El pago total o parcial, del principal y accesorios financieros, derivados de créditos documentados en títulos inscritos en el Registro Nacional de Valores e Intermediarios.

Antes de analizar este concepto, es necesario señalar que en el sistema financiero mexicano se deben aplicar determinados lineamientos de tipo legal, como los relativos a la emisión de valores y los que establecen la Ley del Mercado de Valores.

Al respecto este procedimiento legal dice: "que los emisores que coticen en bolsa deberán estar inscritos en el Registro Nacional de Valores e Intermediarios. De dichos valores, son susceptibles de garantizar con fianza los siguientes: acciones, obligaciones y papel comercial.

Acciones

Las acciones son valores que representan una parte alícuota del capital social de una empresa. Acreditan los derechos de socio y su importe representa el límite de la obligación que contrae el accionista con la empresa y ante terceros.

Generalmente, las grandes empresas inscriben sus acciones (valores) en la Bolsa Mexicana de Valores, para que éstas puedan colocarse entre el público inversionista por conducto de las casas de bolsa, lo cual constituye un modo de adquirir financiamiento a largo plazo.

Obligaciones

Las obligaciones son títulos de crédito que representan una parte proporcional de un crédito, concedido a una empresa organizada como sociedad anónima. Estos títulos contienen la promesa de la empresa emisora tanto de pagar a sus poseedores en los plazos preestablecidos cierta cantidad por concepto de rendimientos, los cuales se calculan sobre el monto del capital señalado en los títulos, como de restituir ese monto mediante amortizaciones convenidas. Generalmente, este tipo de financiamiento se realiza a largo plazo.

Papel comercial

El papel comercial es un pagaré negociable sin garantía específica, emitido por una empresa, cuyas acciones están inscritas en el Registro Nacional de Valores e Intermediarios. El documento es un compromiso de pagar una cantidad en una fecha determinada. Generalmente, este tipo de financiamiento se realiza a corto plazo, que podrá fluctuar entre 15 y 91 días; sin embargo, el emisor (solicitante del financiamiento) puede renovar el documento en cada vencimiento por igual, mayor o menor cantidad, de acuerdo con sus necesidades.

La colocación de este tipo de financiamiento se cotiza por las casas de bolsa a descuento.

Las empresas emisoras que se encuentran inscritas en el Registro Nacional de Valores e Intermediarios, que desean algún financiamiento, deberán acudir a su casa de bolsa para colocar en el mercado el valor que corresponda.

La casa de bolsa tiene la posibilidad de solicitar a su cliente una fianza que garantice el pago total o parcial del principal y accesorios financieros, derivados de los créditos documentados, vistos con anterioridad y que garanticen los rendimientos pactados, derivado de la aportación del inversionista.

Características

- Los valores deberán estar inscritos en la sección de valores del Registro Nacional de Valores e Intermediarios y en la Bolsa Mexicana de Valores, S.A. de C.V.

- Los valores deberán depositarse en el Indeval, S.A. de C.V. (Instituto para el depósito de valores)

- Se deberá celebrar el contrato de colocación pública entre empresa emisora y casa de bolsa.

- Deberá hacerse una solicitud de autorización de la emisora a la Comisión Nacional de Valores e Intermediarios.

- Deberá enviarse una carta de la emisora a Indeval, en la que se den a conocer las firmas y nombres de sus apoderados.

V.- Fianza de crédito de arrendamiento financiero

Definición de arrendamiento financiero

El arrendamiento financiero es un contrato mediante el cual la arrendadora adquiere un bien y concede el uso y goce temporal al arrendatario por un plazo y precio determinado, hasta que se le transfiera la titularidad del bien, una vez cumplido el plazo y las condiciones originales a un precio simbólico.

Cuando una arrendadora financiera establece con uno de sus clientes un contrato de arrendamiento financiero, estará en posibilidad de solicitar de aquél una fianza que garantice el pago de la renta, para ejercitar posteriormente una acción de compra.

Características

- El plazo inicial del contrato es considerablemente menor que la vida útil del bien y puede ampliarse.

- Durante el plazo del contrato, el arrendatario tiene derecho de adquirir el bien en propiedad, mediante un pago considerablemente menor que el valor que tiene el bien al ejercer la opción de compra.

• A veces, los bienes arrendados tienen características especiales para satisfacer las necesidades del arrendatario.

• Durante el arrendamiento, el arrendatario pagará los gastos inherentes a la conservación, mantenimiento, reparación, impuestos, seguros, fianzas, etcétera.

• Las rentas pactadas cubren el valor del bien más intereses y gastos; por tanto, al finalizar el contrato se adquiere el bien en propiedad. En caso de que un arrendatario ceda sus derechos a otro, la fianza seguirá surtiendo sus efectos, siempre y cuando el comprador obtenga el consentimiento expreso de la afianzadora, aun para ejercitar la acción de compra.

VI.- Fianza para garantizar el pago de financiamientos obtenidos a través de contratos de crédito garantizados con certificados de depósitos y bonos de prenda expedidos por un almacén general de depósito.

Antes de hacer referencia a esta fianza, se definirán las siguientes figuras:

Almacén general de depósito. Es una organización auxiliar de crédito, autorizada por la Secretaría de Hacienda y Crédito Público, dedicada al almacenamiento, custodia y conservación de bienes y mercancías, con facultades para expedir certificados de depósito y bonos de prenda, mediante los cuales se acredita la propiedad de las mercancías y se otorga un crédito prendario sobre éstas.

Certificado de depósito. Es un documento expedido por un almacén general de depósito, mediante el cual se acredita la propiedad de mercancías o bienes depositados en el almacén que lo emite.

Bono deprenda. Es un documento que se adhiere al certificado de depósito, con el cual se constituye un crédito prendario sobre las mercancías o bienes indicados en dicho certificado.

Cuando un cliente de la banca comercial o de desarrollo tramita un crédito con garantía prendaria representada con un título de depósito (certificado de depósito y bono de prenda) expedido por un almacén general de depósito, la banca comercial o de desarrollo está en posibilidades de solicitar, además y como garantía colateral, una fianza que garantice el pago del crédito obtenido.

VII.- Fianza de crédito que garantiza el pago derivado de contratos de factoraje financiero

Definición de factoraje financiero

El factoraje financiero es un contrato por medio del cual una empresa, llamada factor, compra cuentas por cobrar pertenecientes a un particular. Su función primordial es apoyar al capital de trabajo mediante la recuperación anticipada de dichas cuentas por cobrar de las cuales es propietario el usuario del servicio y que cede a la empresa factor a descuento, para allegarse de un financiamiento.

El sistema se ha diseñado especialmente para empresas que venden sus productos de forma periódica y constante a clientes diversificados, normalmente a corto plazo.

MODALIDADES DEL FACTORAJE FINANCIERO

• Factoraje con recursos.
• Factoraje sin recursos o puro.
• Factoraje a proveedores.
• Factoraje a la exportación.
• Factoraje sobre pedidos.
• Factoraje con cobranza delegada.

Cuando una empresa requiere financiamiento a corto plazo, recurre a una empresa factor para que ésta adquiera sus cuentas por cobrar. La empresa factor estará en posibilidades de solicitar una fianza al usuario del servicio que garantice el pago de la totalidad de las cuentas por cobrar.

Características
• Celebración de contrato de cesión de documentos entre las partes.

- La empresa factor determinará el precio que pague por las cuentas por cobrar.

- Firma de un pagaré por el valor de la operación.

- Cuando la empresa factor pague al cliente, ésta deberá regresar las facturas del cliente

- Establecimiento de los clientes de los cuales se descontarán los documentos.

- La empresa factor invariablemente deberá notificar al deudor o deudores principales de los documentos que se le han cedido para su cobro.

- La empresa factor procederá por su cuenta a efectuar la cobranza de las cuentas pendientes.

- Las cuentas por cobrar en ningún caso podrán estar vencidas, para que la operación se pueda llevar a cabo.

VIII.- Fianza de crédito que garantiza el pago de financiamiento para la exportación e importación de bienes y servicios

El proceso de modernización que en la actualidad se realiza en la economía mexicana ha consolidado una plataforma permanente para poder importar sin trabas, pero sobre todo para exportar de forma competitiva y eficaz.

Dada la orientación general en la economía de México hacia el exterior para los próximos años, resulta previsible un crecimiento constante en la demanda por servicios financieros al comercio exterior. En este marco, la estrategia para incrementar las operaciones de financiamiento al comercio exterior, por parte del sistema bancario mexicano, consta de cuatro partes fundamentales con las que se pretende abarcar las necesidades de su clientela en financiamiento al comercio exterior, como sigue:

Financiamiento a la pre-exportación. Su objetivo es proveer de capital de trabajo a las empresas exportadoras para la producción y actividades relacionadas con la exportación.

Financiamiento a las ventas de exportación. Su objetivo es conceder apoyo financiero a las empresas exportadoras para que puedan ofrecer términos de financiamiento a sus compradores del exterior, que les permitan ser competitivas con los términos ofrecidos por otros proveedores internacionales.

Financiamiento a la sustitución de importaciones. Su objetivo es apoyar a la industria mexicana de bienes de capital y servicios en el país, cuando la producción y compraventa de éstos sustituyan efectivamente las importaciones, o cuando la producción y compraventa de tales bienes y servicios las realicen industrias cuyas actividades estén consideradas como prioritarias.

Financiamiento a las importaciones. Su objetivo es evitar las compras de contado por parte de los importadores mexicanos.

Es alarmante la poca utilización que hacen los importadores de las líneas de crédito preferencial que para este propósito otorgan los países exportadores. En este campo existe una labor de promoción que corresponda a la banca comercial. Cuando un cliente, persona moral o física, solicita un crédito para exportación o importación a una institución financiera, ésta podrá solicitar la exhibición de una fianza que garantice el pago del crédito otorgado, derivado de dicha importación o exportación.

Las modalidades de fianzas de crédito que vimos con antelación son consideradas por la Circular Única de Seguros y Fianzas como operaciones especializadas de alto riesgo, por ello *"La Comisión determinará mediante disposiciones de carácter general, con acuerdo de su Junta de Gobierno, los tipos de fianzas que por su naturaleza deban considerarse como de alto riesgo o con características especiales, señalando las garantías que deban tener, la proporción mínima entre dichas garantías y la responsabilidad de la Institución, la documentación y demás condiciones de colocación, así como, en su caso, las características de contratación del reaseguro, Reafianzamiento o coafianzamiento". (Artículo 182 LISF)*

Es importante consultar la citada Circular Única de Seguros y Fianzas, en su Título 19 denominado "DE LA OPERACIÓN DE LAS FIANZAS ESPECIALIZADAS", en su capítulo 19.1 "DE LAS FIANZAS DE CRÉDITO" otorga mayores especificaciones sobre este importante ramo para mayor consulta.

FIDEICOMISO EN GARANTIA [47]

"Es el quinto de los ramos a los que se refiere la Ley de Instituciones de Seguros y de Fianzas mismo que a continuación abordaremos.

Modalidades de los fideicomisos acuerdo al artículo 36 de la ley de Instituciones de Seguros y de Fianzas:

"Las autorizaciones para organizarse, operar y funcionar como Institución de Fianzas, se referirán a uno o más de los siguientes ramos y subramos de fianzas.

VI.	Fideicomisos de Garantía en alguno o algunos de los subramos siguientes:

a)	Relacionados con pólizas de fianza, y
b)	Sin relación con póliza de fianza

Ramo V, Introducción

El Fideicomiso de garantía, consiste en la transmisión de bienes muebles, inmuebles o derechos que hace el Fideicomitente, transmitiendo su propiedad a un Fideicomiso, en el que al Fiduciario se le encomienda la realización de un fin y destino específico de dichos bienes, esto es otorgar Garantía Fiduciaria, respecto de sus obligaciones a una o más personas físicas o morales.

El Fideicomiso de Garantía se usa en todos los negocios que implican riesgos, el Fideicomiso de garantía los minimiza ya que por su naturaleza da certeza jurídica a las partes y al ser de estricta aplicación por una Institución Fiduciaria autorizada y supervisada, otorga la tranquilidad de que las cosas que se instruyeron sucederán, el Fideicomiso de garantía es un instrumento Jurídico-Financiero tan versátil que se adapta a las necesidades de negocios de cada

---

[47] Molina Bello Manuel, ídem, págs. 175 - 176.

cliente ya sea para simplemente construir una casa, realizar una compraventa, garantizar la entrega de una herencia, captación y ministraciones de recursos de terceros o bien hacer el más complejo de los negocios.

Definición del Fideicomiso en Garantía

Es un contrato en virtud del cual una persona física o moral denominada Fideicomitente transmite la propiedad o titularidad de ciertos bienes (inmuebles, derechos o recursos en efectivo), para ser destinados a fines lícitos y determinados, a favor de otra persona llamada fideicomisario, encomendando la realización de dichos fines a una Institución Fiduciaria.

En materia de fideicomisos, podemos encontrar los siguientes tipos:

• Administración

• De inversión

• De ahorro

• Garantía

Las Instituciones de Crédito así autorizadas pueden realizar fideicomisos y por su parte las empresas financieras no bancarias, como lo es una Institución de Fianzas, en cuanto al tipo de operaciones que realizan son las únicas que pueden realizar fideicomisos en garantía que estén o no vinculados con las fianzas que emitan.

Las Afianzadoras están autorizadas y supervisadas por la CNSF, las cuales tienen que cumplir requisitos de capitalización, solvencia y profesionalismo aún más estrictos que los de la propia banca ya que los delegados fiduciarios tienen responsabilidades legales en lo personal ante el público y ante las propias autoridades.

Por su parte las Afianzadoras y Aseguradoras de caución quienes también pueden ejercer este ramo requieren de una autorización especial por parte de la CNSF y todas las instituciones autorizadas para actuar como fiduciarias deben reunir ciertos requisitos y características para su operación como son:

• Autorización y Regulación por parte de la Comisión Nacional de Seguros y de Fianzas
• Estabilidad, Solvencia y Profesionalismo.
• Los delegados Fiduciarios deben cumplir con una serie de requisitos legales.
• La Ley es muy clara al establecer las responsabilidades para las Fiduciarias.

A manera de ejemplo se presenta un modelo de contrato de fideicomiso que se ha utilizado en algún negocio de Fideicomiso de Garantía dentro del sector afianzador mexicano.

En este modelo se podrá identificar la estructura del contrato, desde su objeto jurídico hasta la logística de integración de las partes incluyendo al comité técnico en el fideicomiso.

En este ejemplo se presenta un esquema en donde un particular aporta recursos para la realización, producción y exhibición de una película mexicana con beneficio fiscal, en este caso el aportante de los recursos muchas veces otorga el dinero bajo la confianza del productor, pero otras al ser cantidades muy importantes, el aportante le solicita una fianza para garantizar la buena inversión de los recursos hasta la exhibición, cuando esto sucede y por los montos de las fianzas, muchas veces el productor no tiene las garantías de respaldo que la afianzadora exige, motivo por el cual se recurre a este ramo con el cual los recursos que se aportan son depositados en el fideicomiso para que en este caso la afianzadora haciendo las veces de fiduciaria ministre de una manera ordenada las cantidades que el productor le vaya solicitando para el cabal cumplimiento y buen fin de la producción.

II. Ramos que puede operar una Institución de Seguros de caución autorizada para la emisión de fianzas.

Hasta antes de la entrada en vigor de la Ley de Instituciones de Seguros y de Fianzas, México y Guatemala eran los únicos países que contaban con una legislación específica en materia de Fianzas, de tal manera que el Ejecutivo Federal con la finalidad de que México estuviera a la par con otros países del mundo, se determinó que debíamos globalizarnos, por ello el 25 de octubre de 2012, el Ejecutivo Federal, con fundamento en el artículo 71, fracción I de la Constitución Política de los Estados Unidos Mexicanos, presentó la Iniciativa de Decreto por el que se expide la Ley de Instituciones de Seguros y de Fianzas y se reforman y adicionan diversas disposiciones de la Ley Sobre el Contrato de Seguro.

Derivado de lo anterior, el 4 de abril de 2015 entró en vigor la Ley de Instituciones de Seguros y de Fianzas, que abrogó la Ley General de Instituciones y Sociedades Mutualistas de Seguros y la Ley Federal de Instituciones de Fianzas, reformándose de igual manera la Ley Sobre el Contrato de Seguro vigente, ordenamientos que fueron publicados con fecha 04 de abril de 2013, es decir dos años después de dicha publicación entró en vigor la citada ley.

El objetivo central para la creación de la Ley de Instituciones de Seguros y de Fianzas fue robustecer el marco jurídico de los sectores de seguros y de fianzas en materias de solvencia, estabilidad y seguridad conforme a los estándares y mejores prácticas internacionales, estableciendo un requerimiento de capital más preciso, que tome en consideración el perfil de riesgos específicos de cada entidad y las condiciones propias del mercado mexicano, fortaleciendo así el régimen de constitución de sus reservas técnicas, las prácticas de gobierno corporativo y la administración de riesgos, propiciando con ello una mayor trasparencia y revelación de información hacia los participantes del mercado, para sentar las bases de un desarrollo sano y ordenado de las instituciones que conforman los sectores mencionados.

En esta Ley se incorpora el llamado *seguro de caución,* con un procedimiento de ejecución expedito para los asegurados, las dependencias del gobierno en todos sus niveles, Federal, Distrito Federal, Estatal y Municipal, con lo cual se pretende entre en competencia con los otros servicios que actualmente conforman el mercado de garantías, como son la fianza y la carta de crédito. Por otro lado, la reforma a la Ley Sobre el Contrato de Seguro tiene como propósito incorporar las reglas específicas relativas al contrato de seguro de caución, sobre todo en materia de la efectividad de este y la vía de reembolso en caso del pago de la indemnización.

Derivado de lo anterior y con dichas reformas se establece que las Instituciones de seguros o de fianzas, pueden autorizarse como nuevas o bien si ya estan operando estas últimas pueden transformarse en aseguradoras de caución. Es menester comentar que las instituciones de seguros que ya operan no pueden incorporar en su objeto social el ramo de caución, siendo la única limitante para las instituciones de seguros ya existentes. De igual forma las Instituciones de Fianzas que quieran operar el ramo de caución pueden solicitar su transformación a Instituciones de Seguros de Caución, pudiendo operar el ramo de seguros de caución y fianzas.

Operaciones y Ramos de Seguros

Las Instituciones para operar y funcionar en el Sector de Seguros, deberán obtener autorización para operar los Ramos de Vida, Accidentes y enfermedades, y Daños conforme a lo que prescribe la Ley de Instituciones de Seguros y de Fianzas, de acuerdo con lo siguiente:

"Las autorizaciones para organizarse, operar y funcionar como Institución de Seguros
o Sociedad Mutualista, se referirán a una o más de las siguientes operaciones y ramos

de seguro:

I. Vida;

II. Accidentes y enfermedades, en alguno o algunos de los ramos siguientes:

a) Accidentes personales;

b) Gastos médicos, y

c) Salud, y

III. Daños, en alguno o algunos de los ramos siguientes:

d) Responsabilidad civil y riesgos profesionales;

e) Marítimo y transportes;

f) Incendio;

g) Agrícola y de animales;

h) Automóviles;

i) Crédito;

j) Caución;

k) Crédito a la vivienda;

l) Garantía financiera;

m) Riesgos catastróficos;

n) Diversos, y

o) Los especiales que declare la Secretaría, conforme a lo dispuesto por el artículo

28 de esta Ley.

Las Instituciones de Seguros, podrán realizar el Reaseguro respecto de las operaciones

y ramos comprendidos en su autorización" ... (Artículo 25 LISF)

Podemos observar que el Seguro de Caución se encuadra dentro del Ramo de Daños a que se refiere el artículo 25 Fracción III, inciso G de la Ley de Instituciones de Seguros y de Fianzas".

De igual forma apreciamos que en la fracción I del artículo 118 LISF, las Aseguradoras pueden actualmente realizar la operación de *FIANZAS*, esto mediante una *Institución de seguros de caución autorizada para la emisión de fianzas.*

Como complemento de lo anterior, *"Las Instituciones de Seguros autorizadas para practicar las operaciones de seguros, fianzas, reaseguro y reafianzamiento, practicarán dichas operaciones en los términos de las disposiciones de esta Ley y las demás relativas.*

Cuando una Institución de Seguros practique varias de las operaciones y ramos a que se refiere el artículo 25 de esta Ley, deberá realizar cada una de ellas en forma especializada, y registrará separadamente en su contabilidad, tanto las reservas técnicas correspondientes a dichas operaciones y ramos, como cualquier otra operación que deban registrar.

Las reservas técnicas quedarán registradas en cada operación y ramo, y no representarán obligaciones contraídas por pólizas emitidas en otras operaciones y, en su caso, en otros ramos". (Artículo 119 LISF)

Operación del Seguro de caución

La Ley de Instituciones de Seguros y de Fianzas en su artículo 26, prevé que los ramos de seguro de crédito y de seguro de caución podrán practicarse por Instituciones de Seguros que operen de manera exclusiva ambos ramos, lo cual se sujetará a las disposiciones de carácter general que al efecto emita la Comisión.

La Circular Única de Seguros y Fianzas, en el Título 16, *DE LA OPERACIÓN DE LOS SEGUROS DE CRÉDITO Y DE CAUCIÓN,* Capítulo 16.1 DE LAS DISPOSICIONES GENERALES, dispone que:

16.1.1. "La operación de los seguros de crédito y de los seguros de caución se regirá por lo previsto en la LISF, en la *Ley sobre el Contrato de Seguro,* en las demás disposiciones legales y administrativas aplicables, y en las presentes Disposiciones" ...

Sobre la operación o ramos de fianzas podemos concluir que, la Institución de Seguros de Caución autorizada o Institución de Fianzas transformada en aseguradora de caución, estará facultada y *debidamente autorizada para la expedición de fianzas,* siendo una Sociedad Anónima autorizada para organizarse y operar conforme a esta Ley como institución de seguros, siendo su objeto la realización de operaciones en los términos del artículo 25 Fracción III, inciso g, de la Ley de Instituciones de Seguros y de Fianzas, es decir para operar de manera especializada en el Ramo de Daños los seguros de caución.

El citado artículo 26 de la Ley de Instituciones de Seguros y de Fianzas, manifiesta en su último párrafo:
"Los ramos de seguro de crédito, de seguro de caución, de seguro de crédito a la vivienda y de seguro de garantía financiera a que se refieren los incisos f) a i) de la fracción III del artículo 25 de este ordenamiento, deberán practicarse por Instituciones de Seguros autorizadas exclusivamente para operar sólo uno de dichos ramos, salvo en los casos de los ramos de seguro de crédito y de seguro de caución, los cuales podrán practicarse por Instituciones de Seguros que operen de manera exclusiva ambos ramos".

Lo anterior establece que las Aseguradoras de Crédito y Caución, pueden operar de manera exclusiva y especializada ambos ramos, sin menoscabo que en lo individual *las Aseguradoras de Caución, están autorizadas para operar y emitir todos los ramos de fianzas.*

En tal virtud, las Instituciones de Garantías, Aseguradoras de Caución e Instituciones de Fianzas podrán operar los 5 ramos que ya fueron analizados, mismos que preceptúa *el artículo 36 de la Ley de Instituciones de Seguros y de Fianzas vigente.*

En capítulo especial que adelante señalaré, se abordarán las particularidades que hace en cuanto al procedimiento de reclamación y requerimiento ante incumplimientos y la forma de como se da la recuperación en ambas figuras, ante el pago de indemnizaciones o pagos de reclamaciones, según sea el caso.

III. La Fianza Judicial Penal

En este apartado llegamos a la parte medular de *la fianza penal*, sin menoscabo de también abordar las modalidades de la fianza judicial no penal y la fianza judicial que ampare a conductores de vehículos automotores, ya que estos tipos de fianza judicial también representan vital importancia, las cuales haré referencia para dar continuidad al ramo en particular.

La Fianza Judicial Penal, es aquella que se otorga ante las autoridades ministeriales y jueces del orden penal, para garantizar las responsabilidades penales y pecuniarias que le han impuesto a un indiciado o procesado, por todo el tiempo que dure la averiguación previa o el procedimiento judicial.

En México existe normatividad aplicable a la materia penal a nivel federal y en todos los Estados de la República Mexicana, esta normatividad Penal es lo que llamamos Código Penal, en este se establecen los delitos y las penas, ¿pero cómo se puede investigar y sancionar los delitos que se establecen en el código penal?, ¿Cómo establecer la participación de un imputado en un hecho delictuoso?, ¿Cómo juzgar a los acusados de la comisión de un hecho delictuoso?, ¿Qué pruebas puede ofrecer?, ¿Cómo se ofrecen las pruebas?; la respuesta es sencilla: mediante un proceso, desde luego un proceso penal, proceso penal que tiene su fundamento principalmente en los artículos 19 y 20 la Constitución Política de los Estados Unidos Mexicanos.

El proceso penal está formado por diversas etapas que de manera progresiva se dan en el tiempo, desde luego el tiempo que dura un proceso penal; en estas etapas del proceso penal se realizan diversos procedimientos, estos procedimientos son la forma en que deben de hacerse las cosas para obtener el resultado del proceso penal; en este orden de ideas los procedimientos que hay que seguir en el proceso penal se encuentran previstos en el Código Nacional de Procedimientos Penales, que tiene por objeto establecer las normas que han de observarse en la investigación, el procesamiento y la sanción de los delitos, para esclarecer los hechos, proteger al inocente, procurar que el culpable no quede impune y que se repare el daño, y así contribuir a asegurar el acceso a la justicia en la aplicación del derecho y resolver el conflicto que surja con motivo de la comisión del delito, en un marco de respeto a los derechos humanos reconocidos en la Constitución y en los Tratados Internacionales de los que el Estado mexicano sea parte.

El artículo 20 de nuestra Constitución Federal establece que "el proceso penal será acusatorio y oral. Se regirá por los principios de publicidad, contradicción, concentración, continuidad inmediación". En este orden, el proceso penal tiene tres etapas, en las que se realizan diversos procedimientos.

Así tenemos que, el artículo 211 del mencionado Código Nacional de Procedimientos Penales establece que las etapas procedimentales del proceso penal son la *etapa de Investigación* con dos fases, investigación inicial e investigación complementaria, luego *la etapa intermedia y la etapa de juicio.*

a.   *Etapa de investigación*

El Ministerio Público una vez que recibe la denuncia, inicia la investigación en la que está obligado a practicar actos de investigación, por ejemplo ordenar la inspección del lugar de los hechos, solicitar la intervención de peritos, entrevistar testigos, solicitar diversa información y documentos a otras autoridades, etc. el Ministerio Público durante la investigación criminal tiene el deber de objetividad y debida diligencia, es decir está obligado a actuar de manera objetiva y respetando siempre los derechos humanos.

El Ministerio Público una vez que advierte que existen datos de prueba que manifiesten la existencia de un hecho delictuoso y la participación del imputado en el mismo, ejercerá acción penal conduciendo al imputado ante un juez de control, para lo cual el Ministerio Público solicitará al juez de control un citatorio, una orden de comparecencia o en su caso, una orden de aprehensión para que el imputado comparezca ante el juez de control y en una audiencia que se conoce como audiencia inicial, se le formule imputación al imputado.

Es importante anotar que en caso de que la detención del imputado haya sido en flagrancia, antes de la formulación de la imputación el juez verificará la legalidad de la detención, por lo que con la audiencia inicial da inicio formalmente el proceso, mismo que termina con la sentencia.

El Ministerio Público luego de formular imputación en la audiencia inicial, solicitará al juez de control la vinculación del imputado a proceso, si el imputado es vinculado a proceso inicia una segunda fase de la investigación, esta segunda fase se conoce como investigación complementaria que puede durar de dos, hasta un máximo de seis meses.

b.	*Etapa Intermedia*

Una vez que se cierra la investigación, el Ministerio Público formulará la acusación contra él o los responsables del delito, y es en este momento en donde inicia la segunda etapa del procedimiento penal llamada etapa intermedia, luego de la presentación del escrito de acusación del Ministerio Público se cita a las partes a una audiencia, esta audiencia tiene por objeto depurar los hechos y ofrecer pruebas, esta etapa concluye con el auto de apertura a juicio oral.

c.	*Etapa de Juicio*

Luego de que se ofrecieron y se admitieron las pruebas ofertadas por las partes y que los hechos fueron depurados en la etapa intermedia, con el auto de apertura a Juicio Oral se cita a las partes a la audiencia de juicio.

El Juicio tiene por objeto resolver las cuestiones esenciales del proceso. Se realizará sobre la base de la acusación en el que se deberá asegurar la efectiva vigencia de los principios de inmediación, publicidad, concentración, igualdad, contradicción y continuidad.

En la audiencia de juicio se desahogan las pruebas y se llega a la resolución de la culpabilidad o inocencia del acusado.

¿Cuánto tiempo dura un proceso penal?

Tomando en cuenta la fase de investigación inicial y complementaria, el proceso penal de principio a fin puede durar de ocho meses a un año; sin embargo, es importante mencionarte que en cualquier momento puedes optar por un mecanismo alterno de solución de controversias, como lo son la mediación, la conciliación o en su caso la junta restaurativa lo que agiliza desde luego el acceso a la justicia.

También hay que anotar que puede darse el caso de que el Ministerio Público termine de manera anticipada la investigación resolviendo abstenerse de investigar, no ejercicio de la acción penal, archivo temporal o un criterio de oportunidad; puede también darse una solución alterna e inclusive también puede darse un procedimiento abreviado.

Se concluye que debido al Sistema de Justicia penal acusatorio y oral, en la última década han disminuido en México la expedición de fianzas judiciales penales, con base en la argumentación anterior.

Por otro lado, el Código de Procedimientos Penales de las entidades federativas y en específico para nuestro estudio nos referiremos al de la Ciudad de México, en donde encontraremos las diversas modalidades de *las fianzas Judiciales penales,* de las cuales nos referiremos a continuación.

Modalidades de Fianzas Judiciales Penales

[48]"Las fianzas a que tiene derecho el indiciado o procesado pueden garantizar:

• La libertad provisional bajo caución, también conocida como fianza de obligaciones procesales

• Las sanciones pecuniarias

• La Reparación del daño

• La Condena Condicional o suspensión condicional de la ejecución de la pena

• La Libertad preparatoria

• La reparación del daño en parcialidades

Veamos a continuación cada una de estas modalidades:

Las tres primeras modalidades antes citadas se logran desprender del Código de Procedimientos Penales de la ciudad de México, el cual manifiesta:

"Todo inculpado tendrá derecho durante la averiguación previa y en el proceso judicial, a ser puesto en libertad provisional bajo caución, inmediatamente que lo solicite, si se reúnen los siguientes requisitos:

I. Que garantice el monto estimado de la reparación del daño; Tratándose de delitos que afecten la vida o la integridad corporal, el monto de la reparación no podrá ser menor del que resulte aplicándose las disposiciones relativas a la Ley Federal del Trabajo;

II. Que garantice el monto estimado de las sanciones pecuniarias que en su caso puedan imponérsele;

III. Que otorgue caución para el cumplimiento de las obligaciones que en términos de ley se deriven a su cargo en razón del proceso; y

IV. Que no se trate de delitos que por su gravedad estén previstos en el quinto párrafo del artículo 268 de este Código." (Artículo 556 del CPPDF).

---

48 Molina Bello Manuel, ob. Cit., editorial Tirant lo Blanch, 2015, págs. 90,95.

Estos son tres beneficios que se otorgan a la Persona a quien la autoridad le ha imputado un delito.

Por tanto, procede solicitar dicha libertad provisional caucional cuando el delito que se impute al reo no sea grave y una vez realizada la solicitud al Agente del Ministerio público o al Juez de la causa, según sea el caso y cuantificado el monto de la garantía, se exhibirá la fianza fijada por la autoridad que conozca el asunto.

Esta libertad, subsistirá hasta que el juicio penal respectivo sea resuelto por sentencia ejecutoria. Otorgada la fianza, el juez decretará la libertad provisional caucional al reo, el cual deberá permanecer en el lugar de su domicilio.

La fianza judicial en materia penal, que sirve para garantizar la libertad bajo fianza, tiene como finalidad esencial garantizar la no sustracción del reo a la acción de la justicia.

Ahora bien, cuando el procesado se sustraiga a la acción de la justicia, la fianza se hará efectiva y una vez obtenido el monto de ésta, el importe le corresponde al Estado.

La fianza de sanción pecuniaria básicamente sirve para garantizar al Estado, beneficiario de la fianza las multas o infracciones que en su caso puedan imponérsele al fiado.

La fianza de Reparación de daño es el monto estimado por parte de la autoridad judicial o ministerial para resarcir los daños a la víctima por la comisión del delito realizado, los cuales se cuantificarán una vez dictada la sentencia definitiva.

El indiciado o procesado tiene la prerrogativa de hacer uso de los beneficios anteriores, es decir salir libre bajo fianza, o bien si es su deseo no hacer uso de la póliza de fianza, tiene el derecho y la posibilidad de hacer uso de los beneficios de la CAUCION, entendido como el género de las garantías y comprende todas las obligaciones, que se contraen para la seguridad de otra obligación ya sea propia o ajena, por tanto la especie de las cauciones lo son por ejemplo la fianza, la hipoteca y la prenda.

"La naturaleza de la caución quedará a elección del inculpado, quien al solicitar la libertad manifestará la forma que elige, para los efectos de la fracción V del artículo anterior. En el caso de que el inculpado, su representante o su defensor no hagan la manifestación mencionada, el Ministerio Público, el juez o el tribunal, de acuerdo con el artículo 560, fijará las cantidades que correspondan a cada una de las formas de la caución". (Art. 561 CPPDF)

Como género "La caución podrá consistir:

I. En depósito en efectivo, hecho por el inculpado o por terceras personas, en la institución de crédito autorizada para ello. El certificado que en estos casos se expida, se depositará en la caja de valores del Ministerio Público, del tribunal o juzgado, tomándose razón de ello en autos.
Cuando, por razón de la hora o por ser día inhábil, no pueda constituirse el depósito directamente en la institución mencionada, el Ministerio Público o el juez recibirán la cantidad exhibida y la mandarán depositar en las mismas el primer día hábil.
Cuando el inculpado no tenga recursos económicos suficientes para efectuar en una sola exhibición el depósito en efectivo, el juez podrá autorizarlo para que lo efectúe en parcialidades, de conformidad con las siguientes reglas:

a) Que el inculpado tenga cuando menos un año de residir en forma efectiva en el Distrito Federal (hoy ciudad de México) o en zona conurbada, y demuestre estar desempeñando empleo, profesión u ocupación lícitos que le provean medios de subsistencia;
b) Que el inculpado tenga fiador personal que, a juicio del juez, sea solvente e idóneo y dicho fiador proteste hacerse cargo de las exhibiciones no efectuadas por

el inculpado. El juez podrá eximir de esta obligación, para lo cual deberá motivar su resolución;

c) El monto de la primera exhibición no podrá ser inferior al quince por ciento del monto total de la caución fijada, y deberá efectuarse antes de que se obtenga la libertad provisional;

d) El inculpado deberá obligarse a efectuar las exhibiciones por los montos y en los plazos que le fije el juez;

II. **En hipoteca** otorgada por el inculpado o por terceras personas, sobre inmuebles cuyo valor fiscal no sea menor que el monto de la caución, más la cantidad necesaria para cubrir los gastos destinados a hacer efectiva la garantía en los términos del artículo 570 del presente código.

III. **En prenda,** cuyo caso el bien mueble deberá tener un valor de mercado de cuando menos dos veces el monto de la suma fijada como caución; y

IV. **En fianza personal bastante,** que podrá constituirse en el expediente.

V. **En fideicomiso de garantía** formalmente otorgado."(Artículo 562 CPPDF)

"La naturaleza de la caución quedará a elección del inculpado, quien al solicitar la libertad manifestará la forma que elige, para los efectos de la fracción V del artículo anterior. En el caso de que el inculpado, su representante o su defensor no hagan la manifestación mencionada, el Ministerio Público, el juez o el tribunal, de acuerdo con el artículo que antecede, fijará las cantidades que correspondan a cada una de las formas de la caución." (Artículo 561 CPPDF)

"La libertad bajo caución podrá pedirse en cualquier tiempo por el acusado, por su defensor o por el legítimo representante de aquél". (Artículo 557 CPPDF)

"Cuando proceda la libertad caucional, reunidos los requisitos legales, el juez la decretará inmediatamente en la misma pieza de autos". (Artículo 558 CPPDF)

La autoridad que conozca de la causa penal normará los criterios para cancelar o devolver las garantías ofrecidas por el reo en función de lo siguiente "El juez o tribunal ordenará la devolución de los depósitos o mandará cancelar las garantías, cuando:

I.- El acusado sea absuelto; y

II.- Cuando se dicte al indiciado auto de libertad o de extinción de la acción penal. Cuando resulte condenado el acusado que se encuentre en libertad bajo caución y se presente a cumplir su condena, las cauciones para garantizar la reparación del daño y las sanciones pecuniarias se harán efectivas, la primera a favor de la víctima u ofendido por el delito y la segunda a favor del Estado.

La otorgada para garantizar las obligaciones derivadas del proceso se devolverán al sentenciado o a quien indique éste, o en su caso, se cancelarán". (Artículo 572 CPPDF).

Por su parte el Código Nacional de Procedimientos Penales, también otorga beneficios de libertad al imputado de un delito o al procesado cuya causa penal ya se encuentra con el Juez, de tal manera que e*l artículo 173* de dicho código enumera los siguientes tipos de garantía a saber:

"La garantía económica podrá constituirse de las siguientes maneras:

I. Depósito en efectivo;
II. Fianza de institución autorizada;
III. Hipoteca;
IV. Prenda;
IV. Fideicomiso, o
V. Cualquier otra que a criterio del Juez de control cumpla suficientemente con esta finalidad.

El Juez de control podrá autorizar la sustitución de la garantía impuesta al imputado por otra equivalente previa audiencia del Ministerio Público, la víctima u ofendido, si estuviese presente.

Las garantías económicas se regirán por las reglas generales previstas en el Código Civil Federal o de las Entidades federativas, según corresponda y demás legislaciones aplicables.

El depósito en efectivo será equivalente a la cantidad señalada como garantía económica y se hará en la institución de crédito autorizada para ello; sin embargo, cuando por razones de la hora o por tratarse de día inhábil no pueda constituirse el depósito, el Juez de control recibirá la cantidad en efectivo, asentará registro de ella y la ingresará el primer día hábil a la institución de crédito autorizada".

Fianza de Condena Condicional o de suspensión condicional de la ejecución de la pena.

Esta modalidad se presenta cuando el procesado ya fue condenado, de tal manera que el Código Penal para el Distrito Federal le otorga beneficios a estas personas para evitar cumplan su sentencia dentro de las penitenciarías basado en los siguientes requisitos para la procedencia de la suspensión de la condena siendo los siguientes. "El juez o el Tribunal, en su caso, al dictar sentencia condenatoria, suspenderá motivadamente la ejecución de las penas, a petición de parte o de oficio, si concurren los requisitos siguientes:

I. Que la duración de la pena impuesta no exceda de cinco años de prisión;

II. Que, en atención a las condiciones personales del sujeto, no haya necesidad de sustituir las penas, en función del fin para el que fueron impuestas; y

III. Que el sentenciado cuente con antecedentes personales positivos y un modo honesto de vida. El Juez considerará además la naturaleza, modalidades y móviles del delito". (Artículo 89 del Código Penal para el Distrito Federal)

Para gozar del beneficio a que se refiere el artículo anterior, "el sentenciado deberá:

I. Otorgar la garantía o sujetarse a las medidas que se fijen para asegurar su comparecencia ante la autoridad, cada vez que sea requerido por ésta;

II. Obligarse a residir en determinado lugar, del que no podrá ausentarse sin permiso de la autoridad que ejerza el cuidado y vigilancia;

III. Desempeñar una ocupación lícita;

IV. Abstenerse de causar molestias, acercarse o comunicarse por cualquier medio por sí o por interpósita persona con la víctima u ofendido, víctimas indirectas o los testigos; y

V. Acreditar que se ha cubierto la reparación del daño, pudiendo el juez fijar plazos para ello, de acuerdo a la situación económica del sentenciado". (Artículo 90 del Código Penal para el Distrito Federal)

La fianza de Libertad preparatoria

Esta modalidad de fianza penal opera cuando el condenado de un procedimiento penal ha compurgado gran parte de su sentencia y compete otorgarla libertad preparatoria a "La Dirección General de Prevención y Readaptación Social, dependiente de la Secretaría de Gobernación, quien tendrá a su cargo la prevención general de la delincuencia y el tratamiento de los adultos delincuentes..." (Artículo 673 CPPDF)

Así pues, "Compete a la Dirección General de Prevención y Readaptación Social:

VIII. Conceder y revocar la libertad preparatoria; así como aplicar la disminución de la pena privativa de libertad, en uno y en otro caso, en los términos previstos por la Ley de Ejecución de Sanciones Penales para el Distrito Federal, así como conceder la libertad en los casos previstos por el artículo 100 del Código Penal para el Distrito Federal." (Artículo 674 CPPDF)

Fianza de reparación del daño en parcialidades

El último beneficio consiste en pagar a plazos la reparación del daño al cual fue sentenciado el procesado, previa exhibición de fianzas que deberá otorgar ante el juez de lo penal. Dicha fianza garantizará el cumplimiento del pago citado.

Lo anterior se desprende del artículo 48 del Código Penal para el Distrito Federal, que para mayor abundamiento versa de la manera siguiente:

"(Plazos para la reparación del daño). De acuerdo con el monto de los daños o perjuicios, y de la situación económica del sentenciado, el juez podrá fijar plazos para su pago, que en conjunto no excederán de un año, pudiendo para ello exigir garantía si lo considera conveniente.
El jefe de Gobierno del Distrito Federal reglamentará la forma en que, administrativamente, deba garantizar la reparación del daño, cuando éste sea causado con motivo de delitos, en los casos a que se refiere la fracción IV del artículo 46 de este Código. El pago se hará preferentemente en una sola exhibición".

Comercialización de la fianza Judicial Penal

Este Ramo de fianza penal, generalmente es emitido por agentes de fianzas mandatarios, a quienes la afianzadora les otorga ciertas facultades conforme a sus normas y políticas de suscripción y de conformidad con la Ley de Instituciones de Seguros y de Fianzas y su correspondiente circular única.

Este tipo de agente tiene cierto grado de especialización en el ramo y generalmente tienen colaboradores en las cercanías de los Juzgados Penales y Agencias del Ministerio Público para su colocación, muchas veces el juez les solicita acudir al juzgado a validar de manera personal la póliza de fianza quienes cuentan con un poder especial para tal efecto otorgado por la institución.

Esta práctica en la actualidad es obsoleta, toda vez que una vez recepcionada la póliza por el personal del juzgado pueden de inmediato validar las fianzas en el portal de la afianzadora para determinar su autenticidad".

IV.   El Seguro de Caución Penal

Desde mi punto de vista, es aquel contrato por medio del cual una Institución de Seguros de Caución legalmente autorizada por el Gobierno Federal, a través de la Comisión Nacional de Seguros y de Fianzas para el otorgamiento de seguros de daños en el ramo de caución, se obliga mediante la expedición de certificados de caución, a indemnizar al asegurado a título de resarcimiento del daño, por el incumplimiento de una obligación derivada de un procedimiento judicial y que se exhibirá ante una autoridad judicial competente en materia Penal.

En resumen, el seguro de caución judicial penal es un tipo de seguro que se utiliza específicamente en el contexto de procesos judiciales penales para garantizar el cumplimiento de una obligación. Esto al proporcionar una forma de proteger los intereses del acreedor sin la necesidad de un billete de depósito o una garantía hipotecaria, el seguro de caución judicial penal puede ser una solución atractiva en situaciones en las que la autoridad judicial acepte en el marco de un proceso judicial penal.

En la materia penal, existe una excepción a la regla para el OTORGAMIENTO DE GARANTÍAS en la cual la autoridad como lo es el MINISTERIO PÚBLICO, sin ser estrictamente una AUTORIDAD JUDICIAL, puede exigir al indiciado o imputado, un seguro de caución judicial penal o una fianza judicial penal, ambos en cualquiera de sus modalidades. Así pues, El Ministerio Público es el encargado de investigar los delitos y llevar a Juicio a quien se considere responsable de estos, conduce la investigación y coordina a las policías y a los servicios periciales.

El Ministerio Público cuida los intereses de la sociedad al perseguir los delitos, y vigila que en toda investigación se respeten los derechos humanos, es quien debe demostrar la existencia – o no – de un delito y la responsabilidad de quien lo cometió.

Puede solicitar las medidas cautelares – fianza, arresto domiciliario, medidas de control electrónico, arraigo, prisión preventiva – de acuerdo con el riesgo que puede correr la víctima, el éxito del proceso o para asegurar la comparecencia de imputado en Juicio.

Debe instruir a las Policías sobre la legalidad y valor de las pruebas recolectadas, así como de las demás actividades que realicen dentro de la investigación. Cuando cualquier sujeto que intervenga en un juicio, tenga en riesgo su vida o integridad corporal, el Ministerio Público será el encargado de garantizar su seguridad.

Elementos personales que forman parte de la operación en el Seguro de Caución penal y su relación entre ellos.

En este tema, abordaremos a los sujetos o elementos personales y contractuales que forman parte de la operación del seguro de caución, basado en la definición del Contrato de Seguro de Caución, señalada en la Ley sobre el contrato de seguro.

ESQUEMA BÁSICO DE ASEGURAMIENTO EN EL RAMO DE CAUCIÓN PENAL

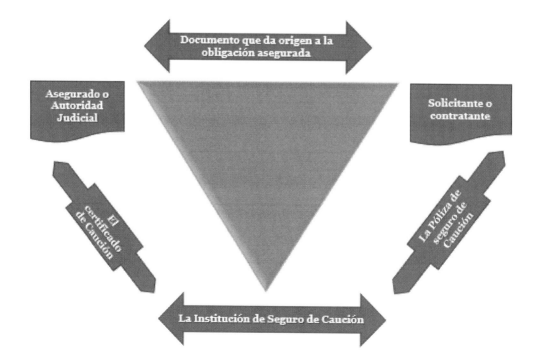

Podemos observar en esa gráfica que existen tres sujetos o elementos personales fundamentales y claramente diferenciados y relacionados entre sí:

A) La Institución de Seguros de Caución, es la autorizada para la expedición de certificados de caución penal, así como la expedición de fianzas judiciales penales, cumpliendo con ambas actividades en virtud de su objeto social.

Es una Sociedad Anónima autorizada para organizarse y operar conforme a la Ley de Institución de seguros y de fianzas, siendo su objeto la realización de operaciones en los términos del artículo 25 Fracción III, inciso g, de la citada ley, es decir para operar de manera especializada en el Ramo de Daños, los seguros de caución.

El artículo 26 de la misma Ley, manifiesta en su último párrafo:
"Los ramos de seguro de crédito, de seguro de caución, de seguro de crédito a la vivienda y de seguro de garantía financiera a que se refieren los incisos f) a i) de la fracción III del artículo 25 de este ordenamiento, deberán practicarse por Instituciones de Seguros autorizadas exclusivamente para operar sólo uno de dichos ramos, salvo en los casos de los ramos de seguro de crédito y de seguro de caución, los cuales podrán practicarse por Instituciones de Seguros que operen de manera exclusiva ambos ramos".

Lo anterior establece que las Aseguradoras de Crédito y Caución, pueden operar de manera exclusiva y especializada ambos ramos, sin menoscabo que en lo individual las Aseguradoras de Caución, están autorizadas para operar y emitir todos los ramos de fianzas, tal y como lo analizaremos adelante.

B) El Asegurado. Son la autoridad Judicial penal o la víctima en el proceso penal.
Estos asegurados tienen derecho a la prestación indemnizatoria del Asegurador, en caso de incumplimiento del solicitante o contratante del seguro.

C) El Solicitante o Contratante. Es la persona física, que requiere de un certificado de caución penal con el objeto mismo de poder salir libre bajo fianza o bajo caución, condena condicional o en su caso la libertad preparatoria, con sus correspondientes variantes.

Ahora bien, analicemos la relación de las tres partes que configuran el seguro de caución penal siendo las siguientes:

La relación entre el solicitante y el asegurado. - A estas partes las liga una relación judicial penal, ya que generalmente, siempre existe un procedimiento penal. Por lo general el Asegurado o autoridad judicial penal, siempre exige al solicitante una o varias garantías emitidas por la Aseguradora, la cual deberá responder en caso de incumplimiento del solicitante, ya sea por sustraerse a la acción de la justicia o no pagar la reparación del daño o tampoco las sanciones pecuniarias a que fue condenado.

La relación entre el Asegurado y la Institución de Seguros de Caución, El vínculo entre ambos se determina con el certificado de caución, siendo éste el documento en el cual se establecen los términos y condiciones de garantía por parte de la aseguradora, la cual se obliga a garantizar que, en caso de incumplimiento del solicitante o contratante, la Institución de Seguros se compromete a pagar como indemnización a título de resarcimiento, el importe pactado en el certificado de caución.

En esta relación, se vincula al certificado de caución, ya que como se apuntó en caso de incumplimiento de la obligación garantizada, la aseguradora deberá pagar la indemnización, ante el incumplimiento del solicitante o contratante, previo a la realización de procedimiento de reclamación y en los términos en los que establezca la Ley de Instituciones de Seguros y de Fianzas, o en su caso por lo preceptuado en la Ley sobre el contrato de seguro.

La relación entre la Aseguradora de caución y el Solicitante o Contratante del seguro. El vínculo entre estas dos partes, lo determina la póliza del seguro de caución, ya que en este documento se establecen las condiciones con las cuales el Contratante del seguro deberá reembolsar a la aseguradora en caso de que esta tenga que indemnizar. En esta relación Aseguradora-Contratante, la póliza hace las veces del contrato de afianzamiento, en donde precisamente estas partes determinan sus obligaciones contractuales para la recuperación, en caso de que la Institución indemnice al asegurado por el incumplimiento comprobado del solicitante.

Basta con remitirnos al último párrafo del artículo 151 de la Ley sobre el contrato de seguro en donde nos confirma la posibilidad de la Aseguradora de poder recuperar por las indemnizaciones que esta realice al asegurado por los incumplimientos del solicitante o contratante y señala que "Todo pago hecho por la aseguradora deberá serle reembolsado por el contratante del seguro", lo anterior en concordancia con el artículo 27 fracción XII de la Ley de Instituciones de Seguros y de Fianzas, lo cual confirma el mismo supuesto jurídico.

De esta manera cuando el solicitante o contratante incumplió con la obligación garantizada por el seguro de caución penal, la Aseguradora puede recuperar en primer lugar de forma extrajudicial, cuando no interviene el órgano jurisdiccional, o sea cuando el Contratante y/o su o sus obligados solidarios no respondieron ante la aseguradora con la provisión de fondos para hacer frente al pago de la reclamación y dicha aseguradora tuvo que responder con el pago de la indemnización por ellos y ante la negativa del reembolso, la Institución puede realizar el cobro o reembolso ante el órgano judicial e instaurar un juicio ejecutivo mercantil en contra del solicitante y/o su o sus obligados solidarios, de tal manera que la póliza es un documento que trae aparejada ejecución y así tenemos que el artículo 158 de la Ley Sobre el Contrato de Seguro dispone que:

"La póliza de seguro de caución tendrá aparejada ejecución, a efecto de que la aseguradora obtenga del contratante del seguro o sus obligados solidarios, el anticipo del monto líquido de la indemnización que el asegurado haya requerido a la empresa de seguros o el reembolso de su pago al asegurado, cuando se cumplan los siguientes requisitos:

I. La suma por la que se demande la ejecución no deberá exceder el monto convenido de la indemnización previsto en la póliza, sus accesorios y las primas adeudadas;

II. A la póliza se acompañarán, según corresponda, el requerimiento o el recibo de pago de la indemnización suscrito por el asegurado o por su representante legal, o la certificación respecto del pago de la indemnización cubierta al asegurado que realice la empresa aseguradora en términos de la Ley de Instituciones de Seguros y de Fianzas, y

III. El transcurso de diez o más días naturales desde el día siguiente a aquél en que la aseguradora requiera el anticipo o el reembolso al contratante del seguro".

Por otro lado, y en relación con lo anterior, cuando la Institución de Seguros, autoriza la emisión de la garantía o certificado de caución y previo a la integración del expediente, el contratante deberá suscribir por duplicado la póliza que reitero, hace las veces del contrato solicitud en materia de afianzamiento, por tanto, "La póliza de seguro de caución se expedirá por duplicado, conservando un ejemplar el solicitante o contratante y el otro la aseguradora. Además de los requisitos del artículo 20 de dicha Ley, la póliza deberá contener la firma del contratante del seguro y una cláusula en la que se señale que la empresa de seguros asumirá el riesgo ante el asegurado mediante la expedición de un certificado de seguro de caución, al que el contratante del seguro reconoce la misma fuerza y validez que a la póliza". (Artículo 152 LISF)

Cuando la reclamación es procedente, la Aseguradora indemnizará al Asegurado y el solicitante o contratante deberá reembolsar a la Aseguradora lo que pagó por él, a su vez, éste puede reclamar el pago de lo indebido conforme a lo que establece el artículo 161 de la Ley sobre el Contrato de Seguro de la siguiente manera:

"Una vez que el contratante del seguro haya reembolsado a la aseguradora el monto de la indemnización, por su propia cuenta podrá reclamar al asegurado la restitución de las cantidades que considere indebidamente pagadas".

Lo anterior, podrá ser realizado ante el órgano jurisdiccional que corresponda.

Aunque ya hemos tocado este punto, vamos a reafirmar los elementos personales que encontramos en el artículo 151 de la Ley Sobre el Contrato de Seguro cuyo énfasis subrayamos a continuación:

Artículo 151.- Por el contrato de seguro de caución *la empresa de seguros* se obliga a indemnizar *al asegurado* a título de resarcimiento o penalidad de los daños patrimoniales dentro de los límites previstos en dicho contrato, al producirse las circunstancias acordadas en el mismo en relación con el incumplimiento por *el contratante* del seguro de sus obligaciones legales o contractuales, excluyendo las obligaciones relacionadas con contratos de naturaleza financiera.

Todo pago hecho por la aseguradora deberá serle reembolsado por el contratante del seguro.

Del concepto anterior, se observa claramente que dentro de la clasificación del seguro de caución, este se considera como un contrato trilateral, toda vez que las partes se relacionan entre sí, ya que EL ASEGURADO (el Juzgado y/o la víctima en materia penal) tienen la necesidad de obtener una garantía para asegurar la posible reparación del daño, las sanciones pecuniarias y la libertad provisional caucional.

EL CONTRATANTE (la persona que esta en proceso penal), quien debe obtener la garantía para poder gozar de la libertad provisional bajo caución, o en la modalidad de Condena condicional o Libertad preparatoria.

LA EMPRESA DE SEGUROS (la Institución autorizada por la CNSF, para el otorgamiento de seguros de caución y fianzas) empresa que deberá obtener del contratante del seguro el expediente para la obtención de contragarantías y poder emitir el certificado de caución en cualquiera de sus modalidades en materia penal.

Siguiendo la tónica, respecto de la clasificación del contrato de seguro de caución y al tomar como referencia la clasificación general de los contratos de seguros podemos identificar que el seguro de caución es: De Adhesión, Nominado o Típico, Mercantil, Aleatorio, Consensual, Oneroso, Conmutativo, De Tracto Sucesivo o continuo.

El contrato de seguro, también en la clasificación de los contratos se considera Resarcitorio, esto implica la obligación de indemnizar al asegurado, por el resarcimiento del daño que le produce el incumplimiento de una obligación legal o contractual.

El contrato de seguro en general, en la clasificación es Principal, ya que no necesita de otro contrato para poder existir, sin embargo, considero que el seguro de caución también es Accesorio, ya que las obligaciones a cubrir en el certificado de caución emanan precisamente de una obligación principal en la que se apoya la Institución para determinar el pago de la indemnización a título de resarcimiento o penalidad, en caso de un incumplimiento de dicha obligación principal. Del contenido del artículo 151 de la Ley Sobre el Contrato de Seguro se precisa que la indemnización debe producirse por circunstancias que se encuentren relacionadas con el incumplimiento del contratante del seguro de sus obligaciones legales o contractuales. En este sentido debemos entender, que el contrato de seguro de caución necesariamente la indemnización que exija el Asegurado debe ser consecuencia directa del incumplimiento del contratante del seguro de obligaciones legales o contractuales.

El seguro de caución es un contrato de garantía. El seguro de caución es un contrato que sirve como medio para garantizar el cumplimiento de pago de una indemnización o resarcimiento de un daño ocasionado con motivo del incumplimiento de una obligación contractual o legal.

Por otro lado, las Instituciones de Seguros de caución estarán sujetas a la Ley de Instituciones de seguros y de Fianzas, a la Ley sobre Contrato de Seguro y demás disposiciones y legales administrativas aplicables.

Los seguros de caución, también son ampliamente abordados por la Ley de Instituciones de Seguros y de Fianzas, en específico la fracción XII del artículo 27 de esta Ley, manifiesta que **"cubrirán el pago de una indemnización al asegurado a título de resarcimiento o penalidad por los daños patrimoniales sufridos,** dentro de los límites previstos en el contrato de seguro, al producirse las circunstancias acordadas en relación con el incumplimiento por el contratante del seguro de sus obligaciones legales o contractuales, excluyendo las obligaciones relacionadas con contratos de naturaleza financiera. En este ramo, todo pago hecho por la Institución de Seguros deberá serle reembolsado por el contratante del seguro, para lo cual la Institución de Seguros podrá solicitar las garantías de recuperación que considere convenientes.

En relación al RAMO PENAL, los seguros de caución podrán ser emitidos mediante UN CERTIFICADO DE CAUCIÓN en todas las modalidades que para tal efecto ya estudiamos en el numeral romano anterior, en cuanto al pago del siniestro o reclamación por el incumplimiento, la diferencia principal contra la FIANZA es que el seguro de caución INDEMNIZA al asegurado a título de resarcimiento o penalidad por los daños patrimoniales sufridos, LA FIANZA, garantiza el pago por el incumplimiento del procesado, importe que no excederá del monto de la garantía, en ambos casos.

Estas garantías conviven con un procedimiento común para hacerlas efectivas, misma que se detalla en la Ley de Instituciones de Seguros y de fianzas que adelante ventilaremos, de igual manera analizaremos el procedimiento de recuperación por parte de las Instituciones cuando estas pagaron el siniestro o la reclamación procedente, siendo de alguna manera diferente para ambas figuras.

V.   Fianzas Judiciales no penales

Las fianzas judiciales *NO PENALES,* son aquellas que se otorgan ante las autoridades judiciales del orden común o federal, las cuales garantizan principalmente, el pago de los daños y perjuicios y otras obligaciones de pago de acuerdo con las siguientes modalidades:

Fianza judicial en materia civil

Fianza judicial en materia familiar

Fianza judicial en materia arrendamiento inmobiliario

Fianza judicial en materia de lo concursal

Fianza judicial en materia de amparo

A continuación, analizaremos todas y cada una de las modalidades anteriores y que corresponden al subramo de *fianzas judiciales no penales.*

Fianza judicial en materia civil

En algunos casos la autoridad judicial en materia civil exige la exhibición de una garantía, con el fin de que queden garantizados los posibles daños y perjuicios que puedan ocasionar a la contraparte en juicio. Así, la forma de garantía más usual en estos casos es la fianza expedida por afianzadora; por lo tanto, se mencionarán algunos supuestos en los cuales la ley establece que, para dar trámite a la petición de la acción y sustanciación de esta, deberá otorgarse garantía.

En materia civil, se pueden presentar las siguientes modalidades:

1.- El arraigo de persona

El arraigo de persona es definido por Rafael de Pina como "El acto procesal de naturaleza precautoria que procede a petición de parte y cuando hubiere el temor de que se ausente u oculte la persona que vaya a ser demandada o lo haya sido ya, la cual, en virtud del arraigo, no podrá ausentarse del lugar del juicio sin dejar representante legítimo suficientemente instruido y expensado para responder de las resultas del procedimiento judicial de que se trate." [49]

Esta providencia precautoria se consagra en los artículos 235 al 242 del Código de Procedimientos Civiles para el Distrito Federal, hoy Ciudad de México y específicamente el artículo 241 nos dice lo siguiente:

"Si la petición de arraigo se presentare antes de entablar la demanda, además de la prueba que exige el artículo 250, el actor deberá dar una fianza a satisfacción del juez, para responder de los daños y perjuicios que sigan si no entabla la demanda."

En este caso el actor debe exhibir una fianza cuando promueva el arraigo antes del juicio (o sea, como acto prejudicial) y es obligatorio para él probar la necesidad de pedir el arraigo y el derecho de obtenerlo, la prueba a que se refiere el artículo citado debe ser la documental o la testimonial (en este último caso, la Ley exige tres testigos por menos).

Por otro lado, si el arraigo se solicita al presentar la demanda, no se requerirá fundar la necesidad del arraigo ni el derecho de pedirlo. En este caso, el juez de plano, al admitir la demanda, ordenará el arraigo sin que el actor exhiba la fianza. Por tanto, la fianza única y exclusivamente se exigirá al acreedor cuanto este solicite el acto prejudicial de arraigo, ya que de no presentar la demanda en tiempo y forma entonces, este deberá pagar los daños y perjuicios ocasionados al deudor ya sea de manera voluntaria o a través del ejercicio de la fianza.

---

[49] Pina, Rafael, De, Diccionario de Derecho, Editorial Porrúa, México, 1984, pág. 98

2.- El embargo precautorio

Joaquín Escriche define este otro tipo de providencia precautoria de la manera siguiente:

"Es aquel que se dispone o manda interinamente mientras se prepara la demanda ejecutiva u otra que corresponda, cuando se teme que el deudor huya, oculte o disipe sus bienes".

Este embargo precautorio, al igual que el arraigo de persona, se puede decretar como acto prejudicial o después de iniciado el juicio respectivo.

Para que proceda el embargo precautorio como acto prejudicial, el promovente deberá demostrar que es acreedor de la persona que va a demandar y que la demanda no se funde en título ejecutivo.

En este caso, el juez de lo civil exigirá una fianza al promovente, para que éste responda de los daños y perjuicios que se originen, ya sea porque se revoque la providencia precautoria o porque en la demanda entablada se absuelva al reo.

Cuando la demanda aún no ha sido entablada y una vez ejecutada la providencia como acto prejudicial, quien la pidió deberá demandarla dentro de los tres días siguientes a la solicitud de la providencia. Si el actor no cumple con este requisito, el embargo precautorio se revocará luego que lo pida el demandado.

Por otro lado, la fianza judicial de tipo civil también existe en el ejercicio de la acción procesal civil, como por ejemplo en las acciones negatorias y confesoria, así como también en los interdictos que con posterioridad se estudiarán. Las fianzas que deriven de dichas acciones se exhiben ante el juez de lo civil para garantizar los daños y perjuicios que se puedan ocasionar a la contraparte, en caso de que la acción intentada no sea procedente.

En ese orden de ideas, el derecho moderno define a la acción en general como: "*El derecho, la facultad o la actividad mediante la cual un sujeto de derecho provoca la función jurisdiccional."* [50]

Por otra parte, *"la acción se clasifica en acciones personales y acciones reales, las primeras se derivan de una obligación, mediante ella se exige el cumplimiento de las obligaciones, se caracterizan por ser un derecho que sólo se tiene contra determinadas personas, en segundo lugar, las acciones reales son aquellas que se derivan de un derecho real y que tienen por objeto que se respete el mismo derecho y se caracterizan por ser persecutorias de la cosa".* [51]

A continuación, se estudiará lo que ocurre cuando al promover una acción el juez de lo civil exige el otorgamiento de una fianza:

3.- Acción negatoria

Al respecto de la acción real el Lic. Eduardo Pallares da la siguiente definición:

"Es una acción real que la ley concede al propietario, al poseedor jurídico de un inmueble o al que tenga derecho real sobre él para obtener la declaración de libertad o la reducción de gravámenes del inmueble y las consecuencias jurídicas que de esta declaración dimanan". [52]

Dicha acción sólo puede ejercitarla el poseedor a título de dueño. Su objeto mencionado, en parte, en el concepto anterior es obtener la declaración de libertad o la reducción de gravámenes del inmueble, así como la demolición de obras o señales que importen gravámenes, la tildación o anotación en el Registro Público de la Propiedad y, en su caso, la indemnización de daños y perjuicios.

Por su parte el artículo 10 del código de Procedimientos Civiles para el Distrito Federal, hoy Ciudad de México, dice *"Procederá la acción negatoria para obtener la declaración de libertad, o la de reducción de gravámenes de bien*

---

[50] Gómez, Lara Cipriano, Teoría General del proceso, Textos Universitarios, México, 1961, pág. 109

[51] Pallares, Eduardo, Tratado de las acciones civiles, Ediciones Botas, México, 1966, pág. 4

[52] Pallares, Eduardo, ob. Cit. Pág. 215

inmueble y la demolición de obras o señales que importen gravámenes, la tildación o anotación en el Registro de la Propiedad, y conjuntamente, en su caso, la indemnización de daños y perjuicios. Cuando la sentencia sea condenatoria, el actor puede exigir del reo que caucione el respeto de la libertad del inmueble. Sólo se dará esta acción al poseedor a título de dueño, o que tenga derecho real sobre la heredad".

4.- Acción confesoria

Por otro lado, la acción confesoria compete al titular de un derecho real inmueble y al poseedor del predio dominante que esté interesado en la existencia de una servidumbre.

Esta acción se da contra el tenedor o poseedor jurídico que contraría el gravamen, para que obtenga el reconocimiento, la declaración de los derechos y obligaciones del gravamen, el pago de los frutos y de los daños y perjuicios.

En ese orden de ideas, el artículo 11 último párrafo, de la ley adjetiva en cuestión manifiesta: *"Si la sentencia fuere condenatoria, el actor podrá exigir al reo que afiance el respeto del derecho";* es decir, cuando el reo o deudor incumple con la obligación señalada en el artículo anterior, el actor podrá exigir mediante la efectividad de la fianza una indemnización por los daños y perjuicios derivados del impedimento del ejercicio de la servidumbre.

5.- Interdicto

Existe otra figura jurídica en la cual cabe la figura de la fianza, llamada interdicto la cual se define como *"el procedimiento mediante el cual se protege la posesión y se obtienen medidas necesarias para evitar que una obra nueva o peligrosa cause daños"*.[53]

En los interdictos, el juez de lo civil exigirá una fianza al actor para que garantice las diversas situaciones que a continuación se exponen:

La Ley y la doctrina conocen cuatro clases de interdictos, a saber: a) el de retener la posesión, *b)* el de recuperar la posesión, c) el de obra nueva, d) el de obra peligrosa.

Los dos primeros son juicios mediante los cuales el actor es mantenido en la posesión interina de un inmueble o restituido en aquella de la que ha sido despojado.

a)   *Interdicto de retener la posesión*

El interdicto de retener la posesión compete al perturbado en la posesión jurídica o derivada de un bien inmueble contra el perturbador.

El objeto de esta acción es poner fin a la perturbación e indemnizar al poseedor de modo que el demandado o perturbador deberá exhibir una fianza ante la autoridad judicial competente a fin de garantizar que no volverá a perturbar, y será conminado con multa o arresto para el caso de reincidencia, independientemente del pago de los daños y perjuicios que se harán efectivos con la reclamación de la fianza.

b)   *Interdicto de recuperar la posesión*

---

[53] Pallares, Eduardo, ob. Cit. Pág. 331

El interdicto de recuperar la posesión compete al que fue despojado de la posesión jurídica o derivada de un bien inmueble. Tiene por objeto reponer al despojado de la posesión, indemnizarlo de los daños y perjuicios, obtener del demandado una fianza ante autoridad judicial competente, con la cual garantice de no volver a despojar al actor; y a la vez, deberá conminársele con multa o arresto para el caso de reincidencia.

c)   El interdicto de la obra nueva

Esta acción no concierne a la posesión, sino que consiste en un *"proceso para obtener medidas de seguridad, rápidas y expeditas, a fin de evitar que una construcción nueva cause perjuicio"*. [54]

La acción de obra nueva se da al poseedor del predio o derecho real sobre él, para suspender la conclusión de una obra perjudicial a sus posesiones, su demolición o modificación en su caso y la restitución de las cosas al estado anterior de la obra nueva.

También compete al vecino del lugar cuando la obra nueva se construye en bienes de uso común. Esta acción se da contra quien mandó construirla, sea poseedor o detentador de donde se construye.

Para los efectos de esta acción, por obra nueva se entiende no sólo la construcción de una planta nueva, sino también la que se realiza sobre edificio antiguo, al añadirle, quitarle o darle una forma distinta.

El numeral 19 del código de procedimientos civiles para el Distrito Federal, hoy Ciudad de México dispone que:

"Al poseedor de predio, o derecho real sobre él, compete la acción para suspender la conclusión de una obra perjudicial a sus posesiones, su demolición o modificación, en su caso, y la restitución de las cosas al estado anterior a la obra nueva. Compete también al vecino del lugar cuando la obra nueva se

[54] Ídem

construye en bienes de uso común.

Se da contra quien la mandó construir, sea poseedor, o detentador de la heredad donde se construye.

Para los efectos de esta acción por obra nueva, se entiende por tal, no sólo la construcción de nueva planta sino también la que se realiza sobre edificio antiguo, añadiéndole, quitándole o dándole una forma distinta.

El Juez que conozca del negocio podrá, mediante fianza que otorgue el actor para responder de los daños y perjuicios que se causen al demandado, ordenar la suspensión de la construcción hasta que el juicio se resuelva. La suspensión quedará sin efecto si el propietario de la obra nueva da, a su vez, contrafianza bastante para restituir las cosas al estado que guardaban antes y pagar los daños y perjuicios que sobrevengan al actor, en caso de que se declare procedente su acción, salvo que la restitución se haga físicamente imposible con la conclusión de la obra o, con ésta, se siga perjuicio al interés social o se contravengan disposiciones de orden público".

La suspensión quedará sin efecto si el propietario de la obra nueva da, a su vez, contrafianza bastante para restituir las cosas al estado que guardaban antes y para pagar los daños y perjuicios que sobrevengan al actor, en caso de que se declare procedente su acción.

d)   Interdicto de obra peligrosa

Esta acción se da *"al poseedor jurídico o derivado de una propiedad contigua o cercana que pueda padecer por la rutina o derrumbe de la otra, caída de un árbol u otro objeto análogo; y su finalidad es la de adoptar medidas urgentes para evitar los riesgos que ofrezca el mal estado de los objetos referidos; obtener la demolición total o parcial de la obra o la destrucción del objeto peligroso.*

El juez que conozca del negocio podrá, mediante fianza que otorgue el actor para responder de los daños y perjuicios que se causen al demandado, ordenar desde luego y si esperar la sentencia, que el demandado suspenda la obra o realice las obras indispensables para evitar daños al actor". (Artículo 20 del Código de Procedimientos Civiles para el Distrito Federal, hoy Ciudad de México.)

6.- Fianza para gestor judicial

En materia civil, cabe hacer notar que en México la figura del gestor judicial también debe otorgar fianza para desempeñar sus funciones como tal, a quien se define como *"la persona que asume la representación procesal de una de las partes, cuando ésta no se encuentra en el lugar donde se sigue el juicio, ni tiene representante legalmente autorizado."*

De lo anterior se colige que, durante el procedimiento de un juicio, cuando está ausente el actor o el demandado, puede intervenir un tercero, quien asumirá la representación de alguno de ellos. De esta manera, si dicho actor o demandado no se encuentra en el lugar del juicio, podrán ser representados por un gestor judicial, siempre y cuando no hayan dejado persona que lo representen legalmente y además sea necesario promover un juicio, "para evitar una caducidad o el cumplimiento de una prescripción o promover una precautoria cuando sea urgente hacerlo por temor de que el demandando oculte o dilapide sus bienes."

A fin de que el gestor judicial pueda realizar cabalmente su manejo, deberá garantizarlo ante el propio juzgado de lo civil, de conformidad con el artículo 51 del código de procedimientos civiles para el Distrito Federal, hoy Ciudad de México, que versa de la manera siguiente:

"El gestor judicial, antes de ser admitido debe dar fianza de que el interesado pasará por lo que él haga y de pagar lo juzgado y sentenciado e indemnizar los perjuicios y gastos que se causen. La fianza será calificada por el tribunal, bajo

su responsabilidad.

Las resoluciones que admitan o no al gestor judicial, así como la que fije la fianza, serán apelables en efecto devolutivo de tramitación inmediata."

Por su parte el artículo 52 del mismo Código manifiesta: "El fiador del gestor judicial renunciará todos los beneficios legales, observándose en este caso lo dispuesto en los artículos 2850 y 2855 del Código Civil".

La fianza en cuestión garantizará todas las prestaciones a que se refiere el artículo 51 anterior.

Esta institución también es regulada por *el Código Civil para el Distrito Federal,* hoy Ciudad de México y en el desempeño de sus funciones debe sujetarse a lo que disponen los numerales del 1896 al 1909.

Tales preceptos disponen que las facultades del gestor judicial son las que un procurador, sin que tenga las que requieren poder o cláusula especial. Específicamente el artículo 1896 del *Código Civil* preceptúa: *"El que sin mandato y sin estar obligado a ello se encarga de un asunto de otro, debe obrar conforme a los intereses del dueño del negocio.*

La doctrina ha interpretado esta disposición en el sentido de que el gestor judicial, ha de desempeñar su cometido como lo hiciera un buen padre de familia.

Por otro lado es menester comentar que desde hace años existe la figura del Mandatario judicial a quien se refiere el artículo 112 cuarto párrafo del Código de Procedimientos Civiles para el Distrito Federal hoy CDMX, en donde las partes además de nombrar a los litigantes para oír y recibir notificaciones, también nombrará a su o sus mandatarios judiciales para Las partes podrán señalar domicilio y autorizar para oír notificaciones en su nombre, a una o varias personas con capacidad legal, quienes quedarán facultadas para intervenir en representación de la parte que los autoriza en todas las etapas procesales del juicio, comprendiendo la de alzada y la ejecución, con todas las facultades generales y las especiales que requieran cláusula especial, incluyendo la de absolver y articular posiciones, debiendo en su caso, especificar aquellas facultades que no se les otorguen, pero no podrán sustituir o delegar dichas facultades en un tercero.

Las personas autorizadas conforme a la primera parte de este párrafo, deberán acreditar encontrarse legalmente autorizadas para ejercer la profesión de abogado o Licenciado en Derecho, debiendo proporcionar los datos correspondientes en el escrito en que se otorgue dicha autorización y exhibir su cédula profesional o carta de pasante en su primera intervención, en el entendido que el autorizado que no cumpla con lo anterior, perderá la facultad a que se refiere este artículo en perjuicio de la parte que lo hubiere designado, y únicamente tendrá las que se indican en el último párrafo de este artículo 112.

Las personas autorizadas en los términos de este artículo serán responsables de los daños y perjuicios que causen ante el que los autorice, de acuerdo a las disposiciones aplicables del Código Civil para el mandato y las demás conexas, salvo prueba en contrario.

Los autorizados podrán renunciar a dicha calidad, mediante escrito presentado al tribunal, haciendo saber las causas de la renuncia. Los tribunales llevarán un libro de registro de cédulas profesionales y cartas de pasante, en donde podrán registrarse los profesionistas autorizados.

Las partes podrán designar personas solamente autorizadas para oír notificaciones e imponerse de los autos, a cualquiera con capacidad legal, quien no gozará de las demás facultades a que se refieren los párrafos anteriores.

El juez al acordar lo relativo a la autorización a que se refiere este artículo deberá expresar con toda claridad el alcance con el que se reconoce la autorización otorgada.

Fianza judicial en materia mercantil

En materia mercantil existen ciertas figuras jurídicas en las que se utiliza la fianza como una forma de garantía. Tal es el caso de las providencias precautorias (arraigo de persona y embargo precautorio), cuya sustanciación es idéntica a la mencionada en la fianza judicial en materia civil, con la salvedad de que el Código de Comercio es la legislación aplicable a esta materia.

Por otro lado, la fianza se puede presentar en el trámite para obtener el levantamiento de un embargo, el cual se realiza mediante de un incidente de sustitución de garantía, cuyo fundamento legal es el artículo 1414 del *Código de Comercio* y establece:

"Cualquier incidente o cuestión que se suscite en los Juicios Ejecutivos Mercantiles será resuelto por el juez con apoyo en las disposiciones respectivas de este Título; y en su defecto, en lo relativo a los incidentes en los Juicios Ordinarios Mercantiles; y a falta de uno u otro, a lo que disponga el Código Federal de Procedimientos Civiles, o en su defecto la ley procesal de la Entidad Federativa correspondiente, procurando la mayor equidad entre las partes sin perjuicio para ninguna de ellas".

En el mismo orden de lo mercantil, existe también una fianza que sirve para suspender la ejecución de una sentencia. Este tipo de fianza la solicita una de las partes del juicio por no estar de acuerdo con la sentencia del juez y quien podrá si así lo juzga conveniente, interponer recurso de apelación en contra de la sentencia definitiva derivada del juicio mercantil correspondiente.

En casos prácticos, la apelación admite dos efectos: uno devolutivo y el otro suspensivo.

En el primer caso, cuando el demandado interponga el recurso de apelación, si ésta se admite en el efecto devolutivo, sólo se podrá ejecutar la sentencia si el actor en la primera instancia otorga una fianza que garantice los daños y perjuicios que se puedan ocasionar a su contraparte con motivo de la ejecución de esa sentencia.

Por otro lado, la contraparte afectada puede solicitar al tribunal de alzada la ejecución de la sentencia, en cuyo caso deberá otorgar una contragarantía, que puede ser hipoteca, prenda o fianza, suficiente para garantizar los daños y perjuicios que pudiera ocasionar a su contrario, en el supuesto de que la sentencia de apelación sea modificada o revocada por la sala correspondiente.

Cuando el juez admita la apelación en el efecto suspensivo, por su naturaleza la suspensión de la sentencia se llevará a cabo sin mayor trámite, es decir, no se otorgará garantía alguna.

Fianza judicial en materia familiar

En el derecho familiar existen ciertas instituciones en las que el juez de la materia exige la exhibición de una fianza que garantice el cumplimiento de una obligación de hacer o de dar. Estas instituciones se encuentran preceptuadas en el *Código Civil para el Distrito Federal*, hoy Ciudad de México, las cuales se enuncian a continuación: a) de la tutela, *b)* de los albaceas, c) del interventor y d) de los alimentos.

a)   De la tutela

Esta institución tiene por objeto la guarda de la persona que no esté sujeta a la patria potestad y que adolezca de incapacidad natural y legal, o únicamente de la segunda para gobernarse por sí misma.

La tutela también tiene por objeto la representación interina o definitiva de un incapaz, al cual habrá de cuidar el tutor, quedando sujeto el ejercicio de éste a la educación y guarda de los menores, así como de sus bienes en caso de haberlos, previa exhibición de fianza, la cual se abundará en otros párrafos.

El Código Civil para el Distrito Federal, hoy Ciudad de México, establece los tipos de incapacidad en su artículo 450, que a la letra dice: *"Tienen incapacidad natural y legal:*

I.   Los menores de edad;

II.   Los mayores de edad que por causa de enfermedad reversible o irreversible, o que por su estado particular de discapacidad, ya sea de carácter físico, sensorial, intelectual, emocional, mental o varias de ellas a la vez, no puedan gobernarse, obligarse o manifestar su voluntad, por sí mismos o por algún medio que la supla".

La persona que tuviere alguna de las incapacidades mencionadas estará sujeta a un tutor, ya sea menor o mayor de edad.

En el primer supuesto del citado artículo, cuando el menor cumpla la mayoría de edad, desaparecerá la incapacidad y, por ende, estará en posibilidad de gobernarse por sí mismo. Sin embargo, puede ocurrir que el menor cumpliere la mayoría de edad y la incapacidad continuará, en cuyo caso el incapaz se sujetará a una nueva tutela, previa sustanciación de un juicio de interdicción, que prevé el artículo 904 del *Código de Procedimientos Civiles para el Distrito Federal, hoy Ciudad de México.* En dicho juicio serán oídos el tutor y el curador, respectivamente, este último será la persona que vigile los manejos y buena actuación del tutor.

Por otro lado, para asegurar su manejo, los tutores deben otorgar al juez de lo familiar en una garantía, la cual de acuerdo con el artículo 519 del *Código Civil,* consistirá en hipoteca, prenda o fianza.

De conformidad con lo anterior, el juez de la materia exigirá a todo aspirante a tutor una caución bastante de las ya citadas, con la cual *"el mismo juez responderá subsidiariamente con el tutor de los daños y perjuicios que sufra el incapacitado por no haber exigido que caucione el manejo de la tutela",* situación prevista en el artículo 530 del código comentado.

No obstante, lo anterior, existen excepciones a la regla: en algunos casos, el tutor será eximido de la obligación de dar garantía, casos que se contemplan en varios preceptos del *Código Civil*, a saber:

"Están exceptuados de la obligación de dar garantía:

I. Los tutores testamentarios, cuando expresamente los haya relevado de esta obligación el testador;

II. El tutor que no administre bienes;

III. El padre, la madre y los abuelos, en los casos en que conforme a la ley son llamados a desempeñar la tutela de sus descendientes, salvo lo dispuesto en el artículo 523;

IV. Los que acojan a un expósito, lo alimenten y eduquen convenientemente por más de diez años, a no ser que hayan recibido pensión para cuidar de él". (Artículo 520 del código civil Para el Distrito Federal, hoy Ciudad de México.)

Así, en líneas anteriores se ha señalado que el ejercicio de la tutela recae en la guarda y educación del incapacitado, cuando éste carezca de medios suficientes para los gastos que dimanen su alimentación y educación. En tal caso, el tutor no está obligado a otorgar caución, en virtud de que no administra bienes del incapacitado por carecer éste de ellos; en dicho supuesto, el tutor podrá exigir judicialmente la prestación de esos gastos a los parientes que tienen la obligación legal de alimentar al incapacitado y, a falta de parientes, procurar que los particulares suministren trabajo al incapacitado, compartibles con su edad y con la obligación de alimentarlo y educarlo. No por ello queda eximido de su cargo, el tutor pues continuará vigilando al menor a fin de que no sufra daños por el trabajo excesivo, por lo insuficiente de su alimentación o por lo defectuoso de la educación que se le imparta. Sin embargo, existen incapacitados con un caudal de bienes que requieren de un tutor que los administre, independientemente de que su ejercicio también recaiga en la guarda del incapacitado.

En ese sentido, la fianza que exhibe en este último caso el tutor es de capital importancia para el pupilo ante el juez de lo familiar.

Por otro lado, *"el tutor está obligado a rendir al juez cuenta detallada de su administración, en el mes de enero de cada año, sea cual fuere la fecha en que haya discernido el cargo. La falta de presentación de la cuenta en los tres meses siguientes al de enero motivará la remoción del tutor"*.

Ésta es una de las principales obligaciones a cargo del tutor que preceptúa el artículo 590 del *Código Civil* y que, en contravención a este numeral, puede ser removido. De igual forma lo será cuando dé malos tratos a su pupilo, o cuando ejerza una mala administración en bienes del incapacitado. Esta remoción será a petición del curador, de parientes del incapacitado o del Consejo Local de Tutelas.

Asimismo, el tutor será separado de su función cuando ejerza la administración de la tutela, sin que haya afianzado sus manejos conforme a la ley.

b)   De los albaceas

La institución más trascendental en el derecho sucesorio es el albacea, quien deberá otorgar una fianza ante la autoridad competente para garantizar sus manejos.

El albacea podrá ser nombrado por el testador, pero a falta de nombramiento en el testamento, se nombrará por votación entre los herederos.

El albacea tiene determinadas obligaciones, las cuales, de acuerdo con el artículo 1706 del *Código Civil*, son las siguientes:

"Son obligaciones del albacea general:

I.   *La presentación del testamento;*

II.   *El aseguramiento de los bienes de la herencia;*

III.   *La formación de inventarios;*

IV. La administración de los bienes y la rendición de las cuentas del albaceazgo;

V. El pago de las deudas mortuorias, hereditarias y testamentarias;

VI. La partición y adjudicación de los bienes entre los herederos y legatarios;

VII. La defensa, en juicio y fuera de él, así de la herencia como de la validez del testamento;

VIII. La de representar a la sucesión en todos los juicios que hubieren de promoverse en su nombre o que se promovieren en contra de ella;

IX. Las demás que le imponga la ley" (Artículo 1706 del Código Civil para el Distrito Federal, hoy Ciudad de México.)

Cabe hacer notar que existe una obligación del albacea, no contemplada en el artículo anterior y de suma importancia para el presente estudio, la cual consigan en el artículo 1708 del *Código Civil* para el Distrito Federal, hoy Ciudad de México que manifiesta:

"El albacea también está obligado, dentro de los tres meses contados desde que acepte su nombramiento, a garantizar su manejo, con fianza, hipoteca o prenda a su elección conforme a las bases siguientes.

I. Por el importe de la renta de los bienes raíces en el último año y por los créditos de los capitales impuestos, durante ese mismo tiempo;

II. Por el valor de los bienes muebles;

III. Por el de los productos de las fincas rústicas en un año, calculados por peritos, o por el término medio en un quinquenio, a elección del juez;

IV. En las negociaciones mercantiles e industriales por el veinte por ciento del importe de las mercancías y demás efectos muebles, calculado por los libros si están llevados en debida forma o a juicio de peritos".

El porcentaje anterior sirve de base para fijar el monto de la fianza que deberá otorgar el albacea en el plazo establecido previamente.

Así, casi en ningún caso el albacea se exime del cumplimiento de otorgar garantía; sin embargo, existe excepción a la regla, en primer lugar, cuando el albacea sea coheredero y su porción baste para garantizar sus obligaciones, y en segundo cuando la mayoría de los herederos (sean testamentarios o legítimos) dispensen al albacea del cumplimiento de esa obligación.

c)   Del interventor

En el mundo jurídico de las sucesiones existe un elemento de nombre interventor, cuya función primordial es vigilar el exacto cumplimiento del cargo del albacea. Dicho interventor está obligado a otorgar fianza judicial para responder de su manejo, según lo prevé el artículo 771 del *Código de Procedimientos Civiles para el Distrito Federal, hoy Ciudad de México.* La citada fianza deberá otorgarse en un plazo de 10 días, contados a partir de la aceptación odel cargo, bajo pena de remoción en caso de contravenir a esta disposición.

Ahora bien, el artículo 1728 del *Código Civil* establece: *"El interventor en las sucesiones será nombrado por el heredero o herederos que no hubieran estado conformes con el nombramiento del albacea hecho por la mayoría".* De igual forma, el juez del conocimiento nombrará un interventor cuando en el testamento no se haya nombrado al albacea.

En tal supuesto, el interventor cesará en su encargo luego que se nombre o se dé a conocer el albacea, de conformidad con el artículo 773 del *Código de Procedimientos Civiles para el Distrito Federal, hoy Ciudad de México.*

d)   De los alimentos

En el orden familiar, quizá la fianza más conocida es la que se otorga para garantizar los alimentos de los menores o de alguno de los cónyuges o de ambos. En todos los juicios en los que una de las prestaciones reclamadas sean los alimentos, el juez del conocimiento dictará las medidas provisionales para asegurar la subsistencia de los acreedores alimentarios, solicitándole al deudor alimentario que los garantice por medio de hipoteca, prenda, fianza o depósito.

De acuerdo con el artículo 308 del *Código Civil* los alimentos comprenden el suministro de comida, vestido, habitación, asistencia en casos de enfermedad y los gastos necesarios para la educación primaria y secundaria del alimentista y, en su caso, para proporcionarle una profesión, arte u oficio adecuados a su persona y sexo.

En ese sentido, los padres están obligados a dar alimentos a sus hijos y éstos a sus padres cuando los últimos carezcan de medios económicos suficientes para subsistir; sin embargo, no sólo ellos tienen acción para pedir el aseguramiento de los alimentos, sino también las personas que a continuación se mencionan:

"Tienen acción para pedir el aseguramiento de los alimentos:

I.   El acreedor alimentario;

II.   El que ejerza la patria potestad o el que tenga la guarda y custodia del menor;

II.   El tutor;

IV.   Los hermanos, y demás parientes colaterales dentro del cuarto grado;

V.   La persona que tenga bajo su cuidado al acreedor alimentario; y

VI.   El Ministerio Público.

Estas situaciones se contemplan en el artículo 315 del código civil para el distrito federal, *hoy Ciudad de México*, que se comenta.

En el primer caso, puede ser acreedor alimentario el padre o la madre que tenga la custodia del menor o de los menores.

En los casos de divorcio incausado, *"El cónyuge que unilateralmente desee promover el juicio de divorcio deberá acompañar a su solicitud la propuesta de convenio para regular las consecuencias inherentes a la disolución del vínculo matrimonial, debiendo contener los siguientes requisitos:*

I. La designación de la persona que tendrá la guarda y custodia de los hijos menores o incapaces;

II. Las modalidades bajo las cuales el progenitor, que no tenga la guarda y custodia, ejercerá el derecho de visitas, respetando los horarios de comidas, descanso y estudio de los hijos; (esto a través de un régimen de visitas y convivencias).

III. El modo de atender las necesidades de los hijos y, en su caso, del cónyuge a quien deba darse alimentos, especificando la forma, lugar y fecha de pago de la obligación alimentaria, así como la garantía para asegurar su debido cumplimiento;

IV. Designación del cónyuge al que corresponderá el uso del domicilio conyugal, en su caso, y del menaje;

V. La manera de administrar los bienes de la sociedad conyugal durante el procedimiento y hasta que se liquide, así como la forma de liquidarla, exhibiendo para ese efecto, en su caso, las capitulaciones matrimoniales, el inventario, avalúo y el proyecto de partición;

VI. En el caso de que los cónyuges hayan celebrado el matrimonio bajo el régimen de separación de bienes deberá señalarse la compensación, que no podrá ser superior al 50% del valor de los bienes que hubieren adquirido, a que tendrá derecho el cónyuge que, durante el matrimonio, se haya dedicado preponderantemente al desempeño del trabajo del hogar y, en su caso, al cuidado de los hijos. El Juez de lo Familiar resolverá atendiendo a las circunstancias especiales de cada caso" (Artículo 267 del código civil para el Distrito Federal, *hoy Ciudad de México.*)

Asimismo, los abuelos paternos o maternos que tengan la patria potestad de los menores también tienen acción para exigir de los padres el aseguramiento de los alimentos ante la autoridad judicial competente, pues la pérdida de la patria potestad de los padres no exime a éstos de sus obligaciones alimentarias.

De igual forma, el tutor puede ejercitar la acción para exigir los alimentos de su pupilo, situación que se consagra en el artículo 543 del mismo ordenamiento legal y que establece lo siguiente:

"Si los menores o mayores de edad, con algunas de las incapacidades a que se refiere el artículo 450, fracción II, fuesen indigentes o careciesen de suficientes medios para los gastos que demandan su alimentación y educación, el tutor exigirá judicialmente la prestación de esos gastos a los parientes que tienen obligación legal de alimentar a los incapacitados. Las expensas que esto origine serán cubiertas por el deudor alimentario. Cuando el mismo tutor sea el obligado a dar alimentos, por razón de su parentesco con el pupilo, el curador ejercitará la acción a que este artículo se refiere".

En la Ciudad de México, la Justicia local da mucha importancia a los menores de edad, protegiendo el interés superior, toda vez que estadísticamente existen muchísimas separaciones en donde ni siquiera existe un matrimonio justo, en esa virtud el Tribunal Superior de Justicia de la Ciudad de México, da oportunidad a toda mujer u hombre que tenga la guarda y custodia de los menores a realizar en barandilla una demanda judicial (de machote) en donde se demanda al deudor alimentario que no ha cumplido con sus obligaciones, esto sin necesidad de que un Licenciado en Derecho los represente en juicio, haciendo un procedimiento ágil y sencillo para poder obtener la pensión alimenticia correspondiente vía autoridad judicial. Sin embargo, el acreedor alimentario tiene la posibilidad de boletinar al deudor que debe alimentos para que le sean suspendidos algunos derechos civiles.

En la práctica jurídica, la fianza es el instrumento más accesible para garantizar los alimentos de las personas, ya que en tiempo y costo es el más idóneo.

La fianza judicial en materia familiar, por lo que toca a la pensión alimenticia, tiene una vigencia de un año, y su cancelación es de forma automática a su vencimiento. Esta situación no es acorde con la realidad, ya que, al término de la vigencia de la fianza, el acreedor o acreedores alimentarios quedan desprotegidos.

Por lo anterior, se debe legislar para que la cancelación de la fianza sea hasta que autorice el beneficiario (es decir, el acreedor alimentario), con lo cual tendría un verdadero aseguramiento de los alimentos quien tiene derecho.

Fianza judicial en materia de arrendamiento inmobiliario

En esta materia también se presentan casos en los cuales el juez civil conoce de asuntos de arrendamiento inmobiliario y puede exigir por mandamiento de ley a alguna de las partes en el procedimiento, la exhibición de una fianza, de conformidad con el caso siguiente:

Cuando una de las partes en un procedimiento judicial en materia de arrendamiento ofrezca la prueba testimonial, que deba desahogarse fuera de la Ciudad de México, es necesario que la parte que la ofreció exhiba ante el juez citado una garantía consistente en fianza, para que en el desahogo de dicha probanza sea admitida. El monto de la garantía será determinado por el juzgador y servirá para garantizar el pago de los daños y perjuicios que se harán efectivos si dicha prueba no se lleva a cabo.

A mayor abundamiento, el artículo 362 del código adjetivo civil para el Distrito Federal, *hoy Ciudad de México.* manifiesta: *"Cuando un testigo resida fuera de la Ciudad de México, deberá el promovente, al ofrecer la prueba, presentar sus interrogatorios de preguntas. Para el examen de estos testigos, se librará exhorto en el que se incluirán en pliego cerrado las preguntas y repreguntas".*

En la práctica jurídica no es muy común que una prueba testimonial se desahogue fuera del lugar del juicio, es decir, fuera de la entidad federativa donde se lleve aquél; sin embargo, es factible que esta probanza se desahogue ante la anterior circunstancia, toda vez que el procedimiento para ello sea acorde con lo que establece el artículo citado.

Asimismo, la prueba testimonial puede ser desahogada en el lugar de residencia del testigo o testigos, de conformidad con el artículo 358 del código adjetivo civil, que a la letra dice:

"A los testigos de más de sesenta años y a los enfermos podrá el juez, según las

circunstancias, recibirles la declaración en sus casas en presencia de la otra parte, si asistiere".

El autor de esta obra considera que la intención del juzgador, respecto de la exigencia de la solicitud de la fianza, es para garantizar los daños y perjuicios que se le puedan ocasionar a la contraparte, ya que el procedimiento puede ser dilatado.

En esta materia, los casos más usuales son los siguientes, cuando alguna de las partes litigantes no fue favorecida con la sentencia, llámese el arrendatario, este puede promover recurso de apelación y en caso de ser admitido en efecto devolutivo, siendo lo usual, este puede otorgar una fianza para garantizar los posibles daños y perjuicios que le pudiera ocasionar a la contraparte arrendador, para suspender la ejecución de la sentencia y en caso de que esta sea adversa para el inquilino, entonces la contraparte o arrendador podrá realizar vía incidente la cuantificación de los daños y perjuicios, siempre que el condenado no interponga juicio de amparo directo.

Otra hipótesis, en caso de que la sentencia haya sido adversa para el arrendatario y este haya interpuesto recurso de apelación de igual forma admitida en efecto devolutivo, como consecuencia de ello el arrendatario solicitó al juzgador exhibir fianza para suspender la ejecución de la sentencia, como se apuntó el procedimiento continúa y para ejecutar la sentencia por parte del arrendador, este puede solicitar se fije contrafianza para realizar dicha ejecución de sentencia, exhibiendo la fianza, se ordena la ejecución de la sentencia y se espera la resulta del juicio, en donde desde luego y de ser confirmada la sentencia en favor del arrendador, se cancelará la fianza de este, debiendo realizar el incidente para la cuantificación de daños y perjuicios, que deberá pagar el apelante con el ejercicio de la fianza, aun y cuando el arrendatario ya no hubiera tenido la posesión del inmueble por la ejecución anticipada de la sentencia de la primera instancia. De revocar la sentencia de la primera instancia entonces se cancela la fianza del arrendatario y este procede a realizar el incidente para pago de daños y perjuicios, en ambos casos de no promover el amparo directo.

Fianza judicial en materia de lo concursal

La ley de Concursos Mercantiles es la denominación utilizada para designar al conjunto de normas que regulan los procedimientos concursales en las empresas, de acuerdo con los siguientes antecedentes.

Con fecha 12 de mayo de 2000, se publicó en el Diario Oficial de la Federación la Ley de Concursos Mercantiles ("LCM") y entró en vigor el día siguiente de su publicación. La LCM abrogó la Ley de Quiebras y Suspensión de Pagos de 1943, y derogó o modificó, según corresponde, todas las demás disposiciones legales que se opusieren a lo señalado en la LCM.

La ley de Concursos Mercantiles tiene como objeto principal mantener un marco regulatorio moderno que permita conservar a las empresas que atraviesan por crisis financieras y económicas. Para este propósito, se creó la figura de la "conciliación", que tiene como finalidad procurar que el Comerciante y sus acreedores logren un convenio para el pago de los pasivos del Comerciante durante un plazo razonable. En caso de que no sea factible lograr el convenio conciliatorio, la LCM establece un procedimiento para liquidar ordenadamente los bienes y derechos del Comerciante, intentando maximizar el producto de la enajenación, con el objeto de aplicar los recursos que se obtengan de dicha liquidación para el pago de los pasivos del Comerciante, siguiendo un orden y prelación equitativos, reconociendo las diferencias entre los distintos acreedores.

La LCM designa al Juez como el órgano central y rector del procedimiento de concurso mercantil; sin embargo, reconoce que para el desempeño de sus funciones es necesario que sea auxiliado por especialistas en aspectos administrativos, industriales, comerciales, económicos y financieros, con el objeto de que el Juez pueda enfocar sus esfuerzos a las tareas estrictamente jurídicas. En virtud de lo anterior, conforme a la LCM se crea el Instituto Federal de Especialistas de Concursos Mercantiles ("IFECOM"), como un órgano dependiente del Consejo de la Judicatura Federal, y cuya función será autorizar y designar a los especialistas (Visitadores, Conciliadores y Síndicos) que auxiliarán al Juez en las tareas referidas anteriormente, así como supervisar las funciones que estos especialistas desempeñen. Según se indica en la LCM y en las Reglas de Carácter General que al efecto ha emitido el IFECOM, la designación de estos especialistas es a través de un procedimiento aleatorio.

A continuación, se presenta un breve esquema, sobre el procedimiento de concurso mercantil:

El juicio de lo Concursal consta de dos etapas:

I.- Conciliación y,

II.- Quiebra

Las partes que intervienen en el Juicio son:

a).- Los comerciantes

b).- Los acreedores

c).- El Instituto Federal de especialistas de concursos mercantiles, el cual contempla los siguientes personajes:

1.- Visitador

2.- Conciliador

3.- Sindico

d).- El Juzgado

Bajo este orden de ideas, El *visitador, el conciliador y el síndico están obligados a garantizar* ante el Instituto los daños y perjuicios que se pudieran ocasionar en virtud del desempeño de su cargo.

"El visitador, el conciliador y el síndico serán responsables ante el Comerciante y ante los acreedores, por los actos propios y de sus auxiliares, respecto de sus funciones, por incumplimiento de sus obligaciones y por la revelación de datos confidenciales que conozcan en virtud del desempeño de su cargo. (Artículo 61 de la Ley de Concursos Mercantiles)"

Fianza judicial en materia de amparo

Este tipo de fianza generalmente es exhibida ante tribunales colegiados de circuito o ante juzgados de distrito.

La Ley de Amparo, establece que el promovente del juicio de amparo o quejoso deberá de exhibir una fianza ante la autoridad respectiva, generalmente dentro de los cinco días siguientes a la fecha de la notificación del auto de suspensión.

La fianza judicial en materia de amparo, otorgada por el quejoso ante cualquiera de las autoridades citadas, servirá para garantizar los daños y perjuicios que puedan ocasionársele al tercero interesado, con motivo de la suspensión provisional o definitiva concedida en el juicio de amparo respectivo.

"En los casos en que sea procedente la suspensión, pero pueda ocasionar daño o perjuicio a tercero y la misma se conceda, el quejoso deberá otorgar garantía bastante para reparar el daño e indemnizar los perjuicios que con aquélla se causaren si no obtuviere sentencia favorable en el juicio de amparo.

Cuando con la suspensión puedan afectarse derechos del tercero interesado que no sean estimables en dinero, el órgano jurisdiccional fijará discrecionalmente el importe de la garantía.

La suspensión concedida a los núcleos de población no requerirá de garantía para que surta sus efectos". (Artículo 132 de la Ley de Amparo)

Puede ocurrir que el tercero interesado solicite la ejecución del acto reclamado, previa aceptación de la autoridad federal respectiva en cuyo caso se dejará sin efecto la suspensión solicitada por el quejoso, siempre y cuando el tercero interesado dé a su vez contrafianza bastante que garantice precisamente los daños y perjuicios que sobrevengan al quejoso, si a éste se le concede la protección y amparo de la justicia federal, de acuerdo con lo siguiente:

"La suspensión, en su caso, quedará sin efecto si el tercero otorga contragarantía para restituir las cosas al estado que guardaban antes de la violación reclamada y pagar los daños y perjuicios que sobrevengan al quejoso, en el caso de que se le conceda el amparo.

No se admitirá la contragarantía cuando de ejecutarse el acto reclamado quede sin materia el juicio de amparo o cuando resulte en extremo difícil restituir las cosas al estado que guardaban antes de la violación.

Cuando puedan afectarse derechos que no sean estimables en dinero, el órgano jurisdiccional fijará discrecionalmente el importe de la contragarantía." (Artículo 133 de la Ley de Amparo)

"La contragarantía que ofrezca el tercero conforme al artículo anterior deberá también cubrir el costo de la garantía que hubiese otorgado el quejoso, que comprenderá:

I. Los gastos o primas pagados, conforme a la ley, a la empresa legalmente autorizada que haya otorgado la garantía;

II. Los gastos legales de la escritura respectiva y su registro, así como los de la cancelación y su registro, cuando el quejoso hubiere otorgado garantía hipotecaria; y

III. Los gastos legales acreditados para constituir el depósito. (Artículo 134 de la Ley de Amparo)

Por otro lado, de acuerdo con las estadísticas realizadas en México, la fianza judicial en materia de amparo se considera una de las más comunes dentro del sector afianzador, toda vez que la suspensión del acto reclamado, se decretará un juicio de amparo por autoridad civil, penal o mercantil, laboral, según el caso.

Fianza Judicial en materia Laboral

En México, tuvo lugar, una reforma laboral histórica en donde esta materia fue judicializada, de tal manera que el 24 de febrero de 2017, se publicó en la Primera Sección del Diario Oficial de la Federación, el Decreto por el que se declaran reformadas y adicionadas diversas disposiciones de los artículos 107 y 123 de la Constitución Política de los Estados Unidos Mexicanos, en materia de Justicia Laboral, específicamente los artículos 107, fracción V, inciso d) y 123, apartado A, fracciones XVIII a XXI y XXII bis, así como sus disposiciones transitorias.

La orientación y finalidad de la reforma constitucional descrita, constituye el aspecto más importante en materia de justicia laboral desde la creación de las Juntas Federales y locales de Conciliación y Arbitraje, que surgieron en 1927, dependientes del Ejecutivo Federal, hasta la fecha ya que el procedimiento judicial será mas pronto y expedito, teniendo ya la posibilidad de interponer recurso de apelación el cual antes no existía.

Este procedimiento laboral, ahora judicializado, depende del Poder Judicial de la Federación y locales de la República Mexicana, dicho procedimiento se rige por la substanciación de dos etapas una escrita y la otra oral.

¿Cuánto dura un juicio laboral?, Depende del juzgado, pero no debería ser mayor de un año hasta la sentencia de primera instancia. Luego en su caso viene el procedimiento de apelación, que puede llegar a tardar otro tanto, a menos que las partes llegaren a un arreglo en la parte conciliatoria.

En virtud de lo anterior, y el primer caso donde podemos encontrar una fianza judicial de tipo laboral, la podremos encontrar una vez dictada la sentencia y en caso de que el patrón o trabajador interpongan el recurso de apelación y este se admita en el efecto devolutivo, se deberá exhibir fianza que garantice los daños y perjuicios en caso de que el apelante haya obtenido una sentencia adversa, en caso de que el apelante sea el patrón deberá exhibir fianza para la no ejecución de la sentencia, siguiendo su curso el procedimiento, sin embargo si el trabajador tiene buena defensa este podrá otorgar una contrafianza bastante y determinada por el juzgador para ejecutar la sentencia, aunque la apelación siga su curso hasta la sentencia correspondiente.

Un segundo caso, lo encontramos en la fianza de amparo que garantiza los daños y perjuicios, derivados de la interposición del amparo directo, siempre que la sentencia de apelación haya sido condenatoria para el patrón, esto quiere decir que el quejoso o patrón tendría que garantizar los daños y perjuicios, la indemnización y subsistencia del trabajador a efecto de que el amparo surta sus efectos.

Por tanto, podemos apreciar que en caso de que la Justicia Federal no proteja ni ampare al patrón, este deberá cubrir todas las prestaciones a que fue condenado, incluyendo los daños y perjuicios, mismos que deberán ser cuantificados a través de un incidente de daños y perjuicios el cual deberá ser substanciado por cuerda separada.

Un tercer caso de fianza judicial laboral se presenta, cuando el patrón condenado al pago de las prestaciones no tenga liquidez para pagar, podrá contar con la posibilidad de realizar un convenio de pago en parcialidades a favor del trabajador y garantizar con una fianza, el pago en parcialidades de todas las prestaciones a que se refiere la sentencia, esto mediante la celebración de un convenio que será celebrado ante la autoridad laboral donde se está ventilando el asunto.

El efecto que acarrea el impago de tan solo una de las parcialidades, es que el acreedor deberá hacer efectiva la fianza para obtener el pago correspondiente por cada parcialidad incumplida, hasta que quede totalmente cumplida la obligación de pago garantizada con la fianza, por su parte el beneficiario de la fianza o trabajador deberá realizar la reclamación directamente en las instalaciones de la Institución fiadora y esta realizará el pago puntual por el incumplimiento del patrón, conforme al procedimiento de reclamación correspondiente.

Un cuarto caso de fianza judicial laboral, también encontramos en la Ley Federal del Trabajo en su artículo 28 A y 28 B, el caso de trabajadores mexicanos reclutados y seleccionados en México por empresas, para un empleo concreto en el exterior de duración determinada, a través de mecanismos acordados por el gobierno de México con el gobierno extranjero, debiendo observar las condiciones de trabajo para los mexicanos en el país receptor debiendo ser dignos e igualitarios a las que se otorgan en aquel país.

Derivado de lo anterior y a efecto de que los patrones que reclutan a trabajadores y los manden a otros países a ejecutar trabajos concretos y con duración determinada, los patrones deberán garantizar las obligaciones inherentes a esta ley y a su contrato, mediante una fianza conforme a lo que establece el artículo 28 de la Ley Federal del trabajo vigente, el cual señala:

"En la prestación de los servicios de trabajadores mexicanos fuera de la República, contratados en territorio nacional y cuyo contrato de trabajo se rija por esta Ley, se observará lo siguiente:

I.   Las condiciones de trabajo se harán constar por escrito y contendrán además de las estipulaciones del artículo 25 de esta Ley, las siguientes:

a)   Indicar que los gastos de repatriación quedan a cargo del empresario contratante;

b)   Las condiciones de vivienda decorosa e higiénica que disfrutará el trabajador, mediante arrendamiento o cualquier otra forma;

c)   La forma y condiciones en las que se le otorgará al trabajador y de su familia, en su caso, la atención médica correspondiente; y

d)   Los mecanismos para informar al trabajador acerca de las autoridades consulares y diplomáticas mexicanas a las que podrá acudir en el extranjero y de las autoridades competentes del país a donde se prestarán los servicios, cuando el trabajador considere que sus derechos han sido menoscabados, a fin de ejercer la acción legal conducente;

II.   El patrón señalará en el contrato de trabajo domicilio dentro de la República para todos los efectos legales;

III.   El contrato de trabajo será sometido a la aprobación de la Junta Federal de Conciliación y Arbitraje, la cual, después de comprobar que éste cumple con las disposiciones a que se refieren las fracciones I y II de este artículo lo aprobará.

En caso de que el patrón no cuente con un establecimiento permanente y domicilio fiscal o de representación comercial en territorio nacional, la Junta Federal de Conciliación y Arbitraje **fijará el monto de una fianza o depósito para garantizar el cumplimiento de las obligaciones contraídas**. El patrón deberá comprobar ante la misma Junta el otorgamiento de la fianza o la constitución del depósito;

IV.   El trabajador y el patrón deberán anexar al contrato de trabajo la visa o permiso de trabajo emitido por las autoridades consulares o migratorias del país donde deban prestarse los servicios; y

V.   **Una vez que el patrón compruebe ante la Junta que ha cumplido las obligaciones contraídas, se ordenará la cancelación de la fianza o la devolución del depósito que ésta hubiere determinado."**

Los tipos de fianza enunciados en esta materia nos son los únicos, recordemos que la fianza constituye una universalidad jurídica, toda vez que esta puede garantizar cualquier obligación válida, legal y de contenido económico, siempre que esto derive de una obligación principal en que apoyarse y que definitivamente en esta materia este determinada en un ordenamiento legal

Procedimiento de reclamación para fianzas Judiciales No Penales

Reclamación de fianzas judiciales no penales. (Procedimiento de reclamación directamente ante la afianzadora o de manera incidental ante un órgano jurisdiccional).

Los tipos de fianzas que pueden ser reclamadas bajo este procedimiento, son principalmente aquellas que se otorgaron ante un juez u otro tipo de autoridad judicial, sobre todo aquellas fianzas que garantizaron los daños y perjuicios con motivo de la interposición de un juicio civil, como por ejemplo los que derivan de una controversia de inmuebles (inscripción de la demanda en el Registro Público de la Propiedad), los daños y perjuicios con motivo de la interposición de una apelación, en donde se deba suspender o no la ejecución de una sentencia. De igual forma para garantizar los posibles daños y perjuicios que se puedan ocasionar al tercero interesado con motivo de la interposición de un juicio de amparo, sea directo o indirecto.

También cuando haya que garantizar el pago de alimentos, derivado de un juicio especial alimentario, o de juicios de divorcio voluntario o necesario.

En materia familiar cuando haya que garantizar los manejos de un albacea en un juicio testamentario o intestamentarias, los manejos de un tutor o curador. En un juicio mercantil los manejos de un depositario judicial o los de un síndico en materia de juicios concursales, etc.

En todos estos casos, ante el incumplimiento de una de las partes, se puede reclamar la fianza de manera mixta, ya sea directamente ante la Institución de Fianzas, ante la CONDUSEF o directamente ante los Juzgados locales o federales de tal manera que la Ley de Instituciones de Seguros y de Fianzas manifiesta que:

"Las fianzas que se otorguen ante autoridades judiciales, que no sean del orden penal, se harán efectivas a elección de los acreedores de la obligación principal, siguiendo los procedimientos establecidos en los artículos 279 y 280 de la presente Ley.

Para el caso de que se hagan exigibles las fianzas señaladas en el párrafo anterior, durante la tramitación de los procesos en los que hayan sido exhibidas, el acreedor de la obligación principal podrá iniciar un incidente para su pago, ante la propia autoridad judicial que conozca del proceso de que se trate, en los términos del Código Federal de Procedimientos Civiles.

En este supuesto, al escrito incidental se acompañarán los documentos que justifiquen la exigibilidad de la obligación garantizada por la fianza." (Artículo 281 LISF)

En la práctica, lo más común es que el Beneficiario opte por acudir directamente en las instalaciones de la afianzadora para realizar la reclamación formal, esto cuando las cantidades debidas en incumplidas sean cuantificadas desde origen, como es el caso del pago de las pensiones rentísticas derivadas de un juicio de alimentos, como ejemplo. En los casos en donde la fianza garantizo daños y perjuicios y estos no puedan ser cuantificados por los litigantes, entonces para reclamar la garantía es necesario que el beneficiario de la fianza promueva el incidente de daños y perjuicios para que el juzgador dicte una sentencia interlocutoria y con ella pueda ejercitar cabalmente la garantía hasta su monto.

Pocas veces el beneficiario opta por realizar un escrito incidental para obtener el pago de la reclamación, ya que no es usual llegar hasta ese nivel de reclamación.

VI. Fianzas Judiciales que amparen a los conductores de vehículos automotores

Este es el tercero de los subramos de las fianzas Judiciales en general y garantizan los mismos conceptos que ya vimos en el capítulo de las fianzas judiciales penales en relación a las modalidades de fianzas de libertad provisional bajo caución, las sanciones pecuniarias y la reparación del daño, con la única particularidad de que la garantía de recuperación es la obligación solidaria que de manera masiva y por convenio otorga una Compañía de Seguros o un Despacho de Asistencia Jurídica Automovilística, los requisitos para su emisión son la identificación del inculpado, la copia del seguro del vehículo cuya cobertura sea cuando menos la de responsabilidad civil y la firma del contrato de fianza y la entrevista, esto se realiza una vez que ocurra el siniestro y siempre y cuando se haya imputado al conductor de algún delito culposo como son las lesiones o el homicidio. Este tipo de fianza es generalmente de naturaleza masiva ya que opera de manera recurrente para los clientes de la aseguradora, quienes son atendidos por el despacho jurídico, contratado por esta. Cuando el inculpado no cuente con un seguro de daños, es posible emitir la fianza, atendiendo a los criterios para emisión de fianzas que ya vimos en el apartado de fianzas judiciales penales.

Capítulo Cuarto

I.　GARANTÍAS DE RECUPERACIÓN QUE SON REGULADAS EN LA LEY DE INSTITUCIONES DE SEGUROS Y DE FIANZAS Y EN LA CUSF.

Garantías de Recuperación en la fianza y el Seguro de Caución

1.- Definición de Garantía en general [55]

"La Garantía es un negocio jurídico mediante el cual se pretende dotar de una mayor seguridad al cumplimiento de una obligación o pago de una deuda. ¿Como se siente seguro un acreedor si otorga un crédito para la adquisición de un auto?, lo usual es quedarse con una garantía, la factura del vehículo endosada en propiedad para que en caso de incumplimiento dicho acreedor pueda ejecutar sin problema esa garantía prendaria.

El mundo de las garantías puede ser de muy diversa índole y dentro de varios tipos de ellas podemos encontrar a las siguientes:

a.- *La garantía constitucional,* es un derecho reconocido a todos los ciudadanos por la Constitución política de un Estado, ampliamente conocidas como garantías individuales y sociales.

b.- *La garantía sobre servicios*, en este caso el prestador está obligado a corregir las deficiencias y a reemplazar los materiales y productos utilizados sin cargo alguno.

c.- *Las garantías condicionales e incondicionales* (independientes), son clasificadas por la doctrina internacional.

Las garantías condicionales son aquellas que, para su exigibilidad, requieren del

---

[55] Manuel Molina Bello, El seguro de caución en México, Ed. Tirant Lo Blanch, 2015 págs. 171, 194.

mero incumplimiento de un deudor principal y así el acreedor puede ejercitar el cumplimiento forzoso de la obligación garantizada. Este tipo de garantía aplica en los casos del seguro de caución y de la fianza en México, ya que el requisito de procedibilidad para realizar el ejercicio de la fianza es precisamente el mero incumplimiento del deudor.

Por su parte, las garantías incondicionales son aquellas que se dan en el comercio internacional y los beneficiarios requieren de garantías a primer requerimiento, garantías a primera demanda o garantías a primera solicitud (on demand bonds), las cuales se denominan garantías incondicionales altamente ventajosas para el beneficiario, pues basta con que éste solicite su ejecución para que tenga lugar a la indemnización correspondiente, sin necesidad de acreditar fehacientemente el incumplimiento de la obligación.

Las garantías incondicionales se diferencian de las garantías condicionales, en que aquellas pueden ser ejercitadas aun sin que exista incumplimiento, es decir solo a voluntad caprichosa del beneficiario en la mayoría de los casos, podemos citar un par de ejemplos de este tipo de garantía, el aval bancario o garantía bancaria (muy usual en España). La carta de crédito es otro tipo garantía incondicional, también se conoce como una garantía independiente ya que esta se reclama a primera demanda y debe pagarse al acreedor de inmediato, sin que se investigue la procedencia o no del incumplimiento de la obligación garantizada.

La garantía bancaria y la carta de crédito, antes citadas también son propuestas por la doctrina internacional como garantías independientes y suelen ser muy usuales a nivel mundial.

En México la Ley de Instituciones de Seguros y de Fianzas, La Circular Única de Seguros y de Fianzas y la Ley Sobre el Contrato de Seguro, no prevén bajo ningún concepto a las Garantías Incondicionales.

d.- Las garantías jurídicas, estas son muy usuales en los contratos y en específico las podemos clasificar en:

En Garantías Reales y personales. Las primeras siempre van a recaer sobre cosas, bienes muebles e inmuebles, las personales siempre van a recaer en personas.

2.- Garantías Reales

2.1. Prenda

2.2. Hipoteca

2.3. Fideicomiso

3.- Garantías Personales

3.1. Fianza

3.2. Seguro de Caución

3.2. Aval

3.4. Obligación Solidaria

4.- Otros Medios de Garantías

4.1. Garantías Independientes, Carta de Crédito Standby

4.2. Fideicomiso en Garantía

4.3. Aval o garantía Bancaria

5.- Definición de Garantía de Recuperación

A mi juicio, las garantías de Recuperación son las que deberán constituir las Instituciones garantes, exigiéndolas a los contratantes o fiados de pólizas de fianzas o certificados de caución para su expedición, cualquiera que sea su monto.

Por tanto, *"las Instituciones deberán tener suficientemente garantizada la recuperación y comprobar en cualquier momento las garantías con que cuenten, cualquiera que sea el monto de las responsabilidades que contraigan mediante el otorgamiento de fianzas.*

La Comisión, cuando así lo estime necesario, podrá solicitar a las Instituciones que le acrediten el cumplimiento de lo dispuesto en el párrafo anterior y éstas deberán hacerlo en el plazo que señale la propia Comisión. En caso de no hacerlo, la Comisión ordenará el registro del pasivo correspondiente en los términos del artículo 298 de esta Ley". (Artículo 167 LISF)

6.- Las Garantías de Recuperación tipificadas en la Ley de Instituciones de Seguros y de Fianzas

En los sectores de Seguros especializados de caución y el de fianzas, existe una reglamentación específica, relativa a las garantías de recuperación o respaldo que deben obtener las instituciones de fianzas de sus fiados, contratantes y/u obligados solidarios para cumplir con las disposiciones legales; la reglamentación se encuentra consignada en la *Ley de Instituciones de Seguros y de Fianzas*, de la cual se citarán algunos preceptos legales para abordar lo relativo a este capítulo, muy medular para el análisis y suscripción de todo tipo de fianza y seguro de caución, según sea el caso.

Antes de abordar el tema de las *Garantías de Recuperación*, veamos algunas generalidades a manera de introducción.

Por su parte y de manera específica, *la fianza y el seguro de caución* son contratos mercantiles de naturaleza onerosa que garantizan ante un acreedor el cumplimiento de una obligación principal, el pago por dicho incumplimiento o bien el pago del daño por el incumplimiento o el resarcimiento de este a título de penalidad, en caso de que un deudor principal incumpla.

La obligación solidaria es una garantía personal la cual solo puede presentarse en contratos mercantiles, la cual se utiliza como contragarantía para el fiador mercantil, esta figura se encuentra tipificada en la ley de Instituciones de Seguros y de Fianzas y la Circular única de seguros y fianzas, sirve como garantía de recuperación para la institución ante el incumplimiento del fiado o contratante del seguro de caución.

El aval, también es el respaldo de un acreedor y esta figura se presenta, cuando un deudor principal incumple con la obligación contraída en un título de crédito como un pagaré, el acreedor tiene la posibilidad de repetir judicialmente con el aval para recuperar el pago incumplido por el deudor principal.

A mayor abundamiento y con relación a la definición de garantía de recuperación o de respaldo, esta se obtiene con los recursos suficientes y de calidad, necesarias para soportar el pago de una eventual reclamación por incumplimiento del fiado o contratante en un seguro de caución, a su elección y dependiendo del tipo de cliente, la institución determinará que tipo de contragarantía obtendrá para respaldar al fiado o al contratante del seguro de caución.

Ramos en donde no se requieren las garantías de recuperación

Se observó que en el artículo 167 de la LISF, que cualquiera que sea el monto de las responsabilidades garantizadas, las Instituciones deberán recabar las garantías suficientes y comprobables, ya que, de no acreditar el cumplimiento a esa disposición, la Comisión ordenará la constitución de pasivos. Sin embargo y de acuerdo con lo anterior, la Ley de Instituciones de Seguros y de Fianzas otorga algunas *excepciones a la regla y como un ejemplo tenemos que "Las fianzas de fidelidad y las que se* otorguen ante las autoridades judiciales del orden penal, **podrán expedirse sin garantía suficiente ni comprobable.**

Se exceptúan de lo previsto en este artículo, las fianzas penales que garanticen la reparación del daño y las que se otorguen para que obtengan la libertad provisional los acusados o procesados por delitos en contra de las personas en su patrimonio, pues en todos estos casos será necesario que la Institución obtenga garantías suficientes y comprobables". (Artículo 170 LISF)

De igual manera y en materia de fianzas administrativas la acreditada solvencia juega un papel muy importante para la fianza y para el seguro de caución, ya que la ley de la materia establece que "**No se requerirá recabar la garantía de recuperación** respectiva, en el otorgamiento de fianzas cuando la Institución considere, bajo su responsabilidad, que el fiado o sus obligados solidarios conforme al artículo 188 de la presente Ley, **sean ampliamente solventes y tengan suficiente capacidad de pago.**

Las Instituciones deberán contar con los documentos y análisis financieros necesarios e integrar los expedientes que permitan verificar su cumplimiento. Tal documentación deberá integrarse en los términos que señale la Comisión mediante disposiciones de carácter general, los estados financieros deberán actualizarse al menos una vez al año, hasta en tanto continúe vigente la obligación garantizada.

Los representantes legales de personas morales que se constituyan como obligados solidarios o contrafiadores de fiados, en documentos o contratos solicitud de fianza proporcionados por las Instituciones, deberán tener conferidos poderes para rigurosos actos de dominio y si éstos no están limitados expresamente para que el mandatario no pueda comprometer el patrimonio de su representada en relación con obligaciones de terceros, la obligación solidaria o contrafianza así establecida surtirá los efectos legales correspondientes ante la Institución. Cualquier derecho que por este motivo tuviera el mandante, lo puede ejercitar en contra del mandatario, pero nunca ante la Institución.

Salvo prueba en contrario, la obligación a cargo del fiado de indemnizar a la Institución de que se trate se derivará de la comprobación por parte de la Institución de haber expedido póliza de fianza o comprobar en cualquier otra forma que ésta le fue de utilidad al fiado, aun cuando éste no haya prestado su consentimiento para la constitución de la fianza.

La Comisión podrá ordenar en cualquier momento a la Institución que demuestre la acreditada solvencia del fiado u obligado solidario y, en caso de no hacerlo, la Comisión ordenará el registro del pasivo correspondiente en los términos del artículo 298 de este ordenamiento". (Artículo 169 LISF)

De acuerdo con el punto que antecede y a manera de complemento, la Circular Única de Seguros y Fianzas (CUSF), establece en el Título 11 capítulo 11.2, que para acreditar lo anterior, las Instituciones deberán contar con los documentos y análisis financieros necesarios e integrar los expedientes que permitan verificar su cumplimiento, de tal manera que:

11.2.1. "De acuerdo con lo establecido en el artículo 169 de la LISF, *no se requerirá recabar la garantía de recuperación respectiva cuando la Institución autorizada para operar fianza considere, bajo su responsabilidad, que el fiado o sus obligados solidarios conforme al artículo 188 de la LISF, sean ampliamente solventes y tengan suficiente capacidad de pago.*

11.2.2. En el supuesto previsto en la Disposición 11.2.1, la Institución deberá observar lo siguiente:

I.   *Contar con copia de los estados financieros básicos actualizados (balance general y estados de resultados) del fiado o sus obligados solidarios, firmados por los funcionarios responsables de su elaboración y dictaminados por un auditor externo.*

Los estados financieros que se obtengan de la información que se publique en cumplimiento de las disposiciones aplicables a las empresas que cotizan en bolsa de valores, se considerará que cumplen con los requisitos de firma y dictaminación señalados en el párrafo anterior.

Cuando se trate de empresas que no estén obligadas a dictaminar sus estados financieros en los términos previstos en el Artículo 52 del Código Fiscal de la Federación de conformidad con lo dispuesto por el Artículo 32-A del propio Código, se podrá sustituir el requisito de dictaminación por el cumplimiento de lo siguiente:

a)   *Que los estados financieros sean firmados por un contador público titulado, así como por el fiado u obligado solidario, persona física con actividad empresarial o, en caso de sociedades fiadas u obligadas solidarias, por el director general o equivalente;*

b)   *Que el fiado u obligado solidario, persona física con actividad empresarial o, en caso de sociedades fiadas u obligadas solidarias, los funcionarios que firmen los estados financieros y, además, el administrador único o equivalente o, en caso de que la sociedad tenga órgano colegiado de administración, el presidente de éste o su equivalente, hagan constar con su firma en los estados financieros, la siguiente leyenda:*

"Bajo protesta de decir verdad, manifiesto que las cifras contenidas en este estado financiero son veraces y contienen toda la información referente a la situación financiera y/o los resultados de la empresa y afirmo que soy (somos) legalmente responsable(s) de la autenticidad y veracidad de las mismas, asumiendo, asimismo, todo tipo de responsabilidad derivada de cualquier declaración en falso sobre las mismas", y

c)   Que la Institución verifique que la información de los estados financieros del fiado u obligado solidario es consistente con la información contenida en sus declaraciones fiscales;

II.   Contar con un análisis de los estados financieros del fiado u obligados solidarios con base en la aplicación de índices financieros; dicho análisis no deberá tener una antigüedad superior a un año, y

III.   Se considerará que un fiado u obligado solidario cuenta con acreditada solvencia, cuando los resultados obtenidos en el análisis de los estados financieros a que se hace referencia en las fracciones I y II de la presente Disposición, muestren una sana situación financiera que permita garantizar suficientemente la fianza a expedir, de conformidad con las políticas que al respecto apruebe el consejo de administración de la Institución y atendiendo a lo previsto en la Disposición 3.11.6.

11.2.3 Para dar cumplimiento a la obligación de mantener actualizada anualmente la información financiera del fiado u obligado solidario a que se refiere la Disposición 11.2.2, las Instituciones deberán mantener en los expedientes dicha información o, en su defecto, las constancias que acrediten haberla solicitado con oportunidad al fiado u obligado solidario de que se trate. Dichos expedientes deberán estar disponibles en caso de que la Comisión los solicite para efectos de inspección y vigilancia."

Garantías de recuperación tipificadas en la Ley de Instituciones de Seguros y de Fianzas y en la Circular Única de Seguros y de fianzas

A continuación, y entrando en materia respecto de este tema, abordaremos todas y cada una de las garantías de respaldo que son tipificadas en la Ley de Instituciones de Seguros y de Fianzas, para mejor comprensión del lector.

"Las garantías de recuperación que las Instituciones están obligadas a obtener en los términos de esta Ley, por el otorgamiento de fianzas podrán ser:

I.Prenda, hipoteca o fideicomiso;

II. Obligación solidaria;

III -Contrafianza, o

IV.   Afectación en garantía, en los términos previstos por esta Ley.

La Comisión, mediante disposiciones de carácter general, podrá autorizar otras garantías de recuperación y determinará las calificaciones y requisitos de las garantías señaladas en este artículo". (168 LISF).

Otro tipo de garantías de recuperación autorizadas por la Comisión Nacional de Seguros y de Fianzas, establecidas en la Circular Única de Seguros y Fianzas, son las siguientes:

   I.   Manejo de cuenta bancaria
   II.   Carta de Crédito Standby
   III. Indemnity agreement

Abordemos pues, todas y cada una de las Garantías tipificadas en la Ley de

Instituciones de Seguros y de Fianzas y en la CUSF:

La Prenda

Como sabemos, la prenda es un contrato accesorio cuya existencia se da por un contrato principal, en donde el deudor prendario, debe proporcionar al acreedor prendario un bien mueble en garantía, ya que, en caso de incumplimiento de aquel, el acreedor puede allegarse dicho bien en vía de reembolso por tener efecto persecutorio de la cosa.

Para que la afianzadora reciba algún bien mueble en prenda, podrá constituirlo en garantía, siempre y cuando celebre con el fiado u obligado solidario un contrato de prenda y lo inscriba en el Registro Público de la Propiedad y del Comercio, a fin de que la institución fiadora tenga derechos contra terceros y tenga acción persecutoria de la cosa.

De igual forma, los bienes dados en prenda deben estar valuados por institución de crédito o corredor público, lo cual se deja al arbitrio de la Institución.

También se puede constituir en prenda el dinero en efectivo o los valores. En este supuesto e independientemente del monto de la fianza, la afianzadora deberá depositar el importe en una institución de crédito en un plazo de cinco días hábiles y sólo podrá disponerse cuando se reclame o se cancele la fianza, o cuando se sustituya la garantía.

Es muy común solicitar este tipo de garantía, sobre todo cuando el fiado no cuenta con otro tipo de garantía, o en fianzas que garantizan daños y perjuicios cuando el juzgador en materia de amparo solo otorga 5 días para exhibir la garantía, siendo esta la forma más rápida y expedita para emitir una fianza.

La prenda tiene modalidades:

"La garantía que consista en prenda, sólo podrá constituirse sobre:

I.   *Dinero en efectivo;*
II.   *Depósitos, préstamos y créditos en instituciones de crédito;*

III.   Valores emitidos o garantizados por el Gobierno Federal o por instituciones de crédito;

IV.   Valores que sean objeto de inversión por parte de las Instituciones, conforme a lo establecido por los artículos 131 y 156 de esta Ley. Tratándose del otorgamiento de fianzas, la responsabilidad de las Instituciones no excederá del porcentaje del valor de la prenda que determine la Comisión mediante disposiciones de carácter general;

V.   Créditos en libros, en términos del artículo 192 de esta Ley, y

VI.   Otros bienes valuados por institución de crédito o corredor. Tratándose del otorgamiento de fianzas, la responsabilidad de las Instituciones no excederá del porcentaje del valor de los bienes que determine la Comisión mediante disposiciones de carácter general". (Artículo 184 LISF)

De conformidad con la normatividad secundaria y en relación con la Figura de la Prenda, La Circular Única de Seguros y Fianzas en su Título 11 DE LAS GARANTIAS DE RECUPERACION, en su capítulo 11.3 contempla el tema, De los límites de responsabilidad en función del valor de las garantías:

11.3.1. "Cuando la garantía de recuperación consista en prenda de valores que sean objeto de inversión por las Instituciones conforme a lo previsto en los artículos 131 y 156 de la LISF, la responsabilidad de las Instituciones no excederá del 80% del valor de la prenda.

11.3.2. Cuando la garantía de recuperación consista en prenda de otros bienes valuados por institución de crédito o corredor, la responsabilidad de las Instituciones no excederá del 80% del valor de la prenda". (CUSF Capítulo 11.3 De los límites de responsabilidad en función del valor de las garantías)

De manera específica La prenda consistente en dinero en efectivo o en valores, cualquiera que sea la suma asegurada del seguro de caución o el monto de la fianza, deberá depositarse en un plazo de cinco días hábiles en una institución de crédito, y de ellos sólo podrá disponerse cuando el seguro de caución o la fianza sean reclamados o se cancelen, o, tratándose del otorgamiento de fianzas, cuando se sustituya la garantía en los términos previstos por esta Ley.

"Cuando dichos bienes se encuentren depositados en alguna institución de crédito, casa de bolsa, persona moral o institutos para el depósito de valores, bastarán las instrucciones del deudor prendario al depositario para constituir la prenda.

Si la prenda consiste en bienes distintos del dinero en efectivo o de valores, independientemente de la suma asegurada del seguro de caución o del monto de la fianza, la prenda podrá quedar en poder del otorgante de la misma, en cuyo caso éste se considerará para los fines de la responsabilidad civil o penal correspondiente, como depositario judicial". (Artículo 185 LISF)

Al constituirse esta modalidad de garantía prendaria, o sea mediante dinero en efectivo, la Institución le solicita al Fiado o Asegurado le proporcione un cheque certificado, de caja o el comprobante de haber depositado en efectivo o a través de transferencia electrónica para poder realizar un recibo oficial por la recepción del importe garantizado y poder realizar el contrato de prenda correspondiente.

Una vez que la obligación principal ha sido cumplida, el fiado o contratante del seguro de caución, tienen la posibilidad de acreditar con documentación fehaciente la cancelación de la fianza y con ello tener la posibilidad de recuperar el importe depositado en prenda, así como los rendimientos durante todo el tiempo en que estuvo invertido dicho importe.

Tratándose de bienes muebles otorgados en prenda a una Institución y *"en caso de haberse constituido prenda a favor de una Institución en los términos de los artículos 184 y 185 de esta Ley, la propia Institución podrá solicitar en su oportunidad, y en representación del deudor prendario, la venta de los bienes correspondientes, aplicando la parte del precio que cubra las responsabilidades del contratante del seguro de caución o del fiado, según corresponda, conforme a las reglas siguientes:*

I. *Cuando proceda solicitará por escrito al depositario de los bienes que constituyan la prenda, bajo su más estricta responsabilidad, la entrega de los* mismos para lo cual deberá proporcionar a dicho depositario copia certificada de la constancia expedida por el asegurado del seguro de caución o por el beneficiario de la fianza, según corresponda, de haber recibido el pago de la reclamación de la póliza, o la certificación en términos de lo previsto en los artículos 158 de la Ley sobre el Contrato de Seguro o 290 de esta Ley, de que la Institución de que se trate pagó al asegurado del seguro de caución o al beneficiario de la fianza;

II.   En su caso, y sin más formalidad que la entrega de la constancia a que se refiere la fracción anterior, la Institución podrá ejercitar los derechos del deudor prendario para hacer efectivos los préstamos o créditos concedidos por la institución de crédito de que se trate y que constituyan la garantía prendaria en favor de la Institución;

III.   Si la prenda se hubiere constituido en los términos de las fracciones I y II del artículo 184 de este ordenamiento, la Institución podrá aplicarlos en recuperación de lo pagado y los accesorios que le correspondieran, así como para el pago de primas y sus accesorios legales que resulten a cargo del contratante del seguro de caución o del fiado, conforme al contrato celebrado;

IV.   Cuando la prenda se haya constituido sobre valores de los señalados en las fracciones III y IV del artículo 184 de esta Ley, la Institución podrá solicitar su enajenación a través de una casa de bolsa o institución de crédito, siendo a cargo del deudor prendario los gastos que con este motivo se ocasionen;

V.   La prenda constituida sobre bienes distintos de los anteriormente mencionados se hará efectiva conforme a lo siguiente:

a)   La Institución, en representación del deudor prendario, solicitará a un corredor público que proceda a la venta directa de dichos bienes;

b)   Si transcurrido el término de quince días hábiles no se ha podido lograr la venta de los bienes, el corredor público que esté encargado de su venta, hará una convocatoria dentro de los siguientes diez días hábiles, la cual deberá publicarse en el Diario Oficial de la Federación o en alguno de los periódicos de mayor circulación del lugar en que se encuentren los bienes, solicitando postores y fijándose como base para posturas las dos terceras partes del precio de avalúo que al efecto se mande practicar, o del precio convenido por las partes en el contrato relativo, lo que resulte mayor. La vigencia del avalúo no deberá exceder de tres meses;

c) Pasados diez días hábiles sin lograr la venta de dichos bienes, se hará una nueva convocatoria y su respectiva publicación, en la forma indicada en el inciso anterior, en la que el precio corresponderá al que resulte de hacer una rebaja del 25% del que sirvió de base para la primera convocatoria y, así sucesivamente, hasta conseguir su venta, previa la publicación de las convocatorias respectivas, con el mismo intervalo para cada caso;

d) Efectuada la venta de los bienes pignorados, el corredor que la hubiere realizado, entregará los bienes al comprador, extendiendo para tal efecto el documento que formalice la operación, el cual servirá de constancia de la adquisición para los efectos que sean de interés del adquirente;

e) El producto de la venta de dichos bienes se entregará a la Institución, para que ésta recupere las cantidades erogadas durante el proceso de venta, así como los demás adeudos incluyendo los accesorios convenidos por las partes o establecidos en la Ley y, del remanente que resulte, aplicará lo necesario para recuperar la cantidad pagada, según corresponda, al asegurado del seguro de caución o al beneficiario de la póliza de fianza, y

f) A falta de postores, la Institución tendrá derecho para adjudicarse los bienes pignorados en el valor que corresponda a las dos terceras partes del precio de cada convocatoria;

VI. El deudor prendario podrá oponerse a la venta de los bienes dados en garantía en cualquier momento del procedimiento, mediante el pago a la Institución de las cantidades que se le adeuden u ofreciendo pagar dentro de las setenta y dos horas siguientes a partir de que manifieste su oposición. Transcurrido dicho término sin que la Institución hubiere recibido el pago *ofrecido, se continuará el procedimiento para la venta de dichos bienes, sin que por ulteriores ofrecimientos del deudor prendario pueda suspenderse, a menos que hiciera el pago de las cantidades a favor de la Institución;*

VII.   *Si antes de llevar a cabo la venta se vencen o son amortizados los valores dados en prenda, la Institución podrá conservar con el mismo carácter las cantidades que por este concepto reciba en sustitución de los títulos cobrados o amortizados. Tanto los valores como el importe de su venta, podrá aplicarlos la Institución de que se trate en pago de los adeudos a su favor;*

VIII.   *Cuando la Institución hubiere aplicado el producto de la venta de los bienes al pago de los gastos efectuados con ese motivo y a la recuperación de las cantidades que le adeude el contratante del seguro de caución o el fiado, según corresponda, el sobrante que resulte a favor del deudor prendario, deberá entregárselo de inmediato o proceder a la consignación correspondiente, acompañando la documentación comprobatoria de las aplicaciones que se hubieren hecho conforme a las fracciones anteriores, y*

IX.   *Las Instituciones responderán ante el deudor prendario, de los daños y perjuicios que se le causen por violaciones al procedimiento establecido en este artículo". (Artículo 191 LISF)*

"Cuando las Instituciones reciban en prenda créditos en libros, bastará:

I.   *Que se hagan constar en el contrato correspondiente los datos necesarios para identificar los bienes dados en garantía;*

II.   *Que los créditos dados en prenda se hayan especificado debidamente en un libro especial que llevará la sociedad, y*

III. *Que los asientos que se anoten en ese libro sean sucesivos, en orden cronológico y expresen el día de la inscripción, a partir del cual la prenda se entenderá constituida.*

El deudor se considerará como mandatario del acreedor para el cobro de los créditos y tendrá las obligaciones y responsabilidades civiles y penales que al mandatario correspondan. La Institución acreedora tendrá derecho ilimitado de investigar sobre los libros y correspondencia del deudor, en cuanto se refiere a las operaciones relacionadas con los créditos dados en prenda". (Artículo 192 LISF)

La Hipoteca

Contrato accesorio, en el que un deudor principal otorga un bien inmueble en garantía a un acreedor y ante el incumplimiento de aquel, el acreedor puede ejercitar acción especial hipotecaria por lo que el deudor principal le adeude y en consecuencia dicho acreedor pueda recuperar parte o el total del adeudo.

A la fecha es prácticamente nulo que una Institución de seguros de caución o de fianzas soliciten como garantía de recuperación un inmueble en el que se constituya hipoteca, pues esta figura jurídica suele ser tardada y costosa; sin embargo, se puede constituir sobre bienes valuados por una institución de crédito o sobre la unidad completa de una empresa industrial. En este caso se comprenderán todos los elementos materiales, muebles o inmuebles afectos a la explotación, considerados en su conjunto, incluidos los derechos de crédito en favor de la empresa.

"La garantía que consista en hipoteca, únicamente podrá constituirse sobre bienes valuados por institución de crédito o sobre la unidad completa de una empresa industrial, caso en el que se comprenderán todos los elementos materiales, muebles o inmuebles afectos a la explotación, considerados en su conjunto, incluyendo los derechos de crédito a favor de la empresa.

Las Instituciones, como acreedoras de las garantías hipotecarias, podrán oponerse a las alteraciones o modificaciones que se hagan a dichos bienes durante el plazo de la garantía hipotecaria, salvo que resulten necesarios para la mejor prestación del servicio correspondiente.

Tratándose del otorgamiento de fianzas, el monto de la fianza no podrá ser superior al porcentaje del valor disponible de los bienes que determine la Comisión mediante disposiciones de carácter general, cuando las garantías se constituyan sobre inmuebles, y podrá constituirse en segundo lugar, cuando la garantía hipotecaria se establezca sobre empresas industriales, si los rendimientos netos de la explotación, libres de toda otra carga, alcanzan para garantizar suficientemente el importe de la fianza correspondiente". (Artículo 186 LISF)

En relación con la figura de la Hipoteca, La Circular Única de Seguros y Fianzas en su Título 11 DE LAS GARANTIAS DE RECUPERACION, en su capítulo 11.3 contempla el tema, De los límites de responsabilidad en función del valor de las garantías:

11.3.3. *"Cuando la garantía de recuperación consista en hipoteca, la responsabilidad de las Instituciones no excederá del 80% del valor disponible de los bienes hipotecados".* (CUSF Capítulo 11.3 De los límites de responsabilidad en función del valor de las garantías)

"En los casos de seguros de caución o fianzas garantizadas mediante hipoteca, fideicomiso sobre inmuebles o la afectación en garantía de bienes inmuebles prevista en el artículo 189 de esta Ley, las Instituciones podrán proceder a su elección para el cobro de las cantidades que hayan pagado por esos seguros de caución o fianzas, y sus accesorios:

I. *En la vía ejecutiva mercantil;*

II. *En la vía hipotecaria, o*

III. *Mediante la venta de los inmuebles, conforme a las siguientes reglas:*

a) *La Institución solicitará, bajo su más estricta responsabilidad, a un corredor público o a la institución fiduciaria, que proceda a la venta de los bienes de que se trate, previo avalúo practicado por institución de crédito, o tomando como referencia el valor convencional fijado de común acuerdo por las partes, lo que resulte mayor. El avalúo no deberá tener una antigüedad mayor de tres meses;*

b) *Se notificará al propietario de los bienes, el inicio de este procedimiento por medio de carta certificada con acuse de recibo, a través de un notario o corredor públicos o en vía de jurisdicción voluntaria;*

c) *El propietario podrá oponerse a la venta de sus bienes acudiendo, dentro del término de cinco días hábiles después de la notificación, ante el juez de primera instancia del lugar en que los bienes estén ubicados, o al juez competente del domicilio de la Institución, según sea el caso, haciendo valer las excepciones que tuviere;*

d) *Del escrito de oposición, se dará traslado por tres días a la Institución, así como al fiduciario, únicamente para que se suspenda la venta de los bienes;*

e) *Si se promoviera alguna prueba, el término no podrá pasar de diez días para el ofrecimiento, admisión, recepción y desahogo de las mismas;*

f) *El juez citará en seguida a una junta, que se celebrará dentro de los tres días para oír los alegatos de las partes y dentro de los cinco días siguientes, pronunciará una resolución, la cual podrá ser apelada sólo en efecto devolutivo;*

g) *Si se declara infundada la oposición, se notificará a la Institución, así como al fiduciario para proceder desde luego a la venta de los bienes, independientemente de que el deudor sea condenado al pago de gastos y costas;*

h) *Se adjudicará el bien al comprador que mejores condiciones ofrezca, mediante la escritura pública correspondiente que firmará el deudor y, si se negare, la Institución o el fiduciario podrán solicitar que lo haga el juez;*

i) *En caso de no encontrarse comprador, el corredor o el fiduciario, formularán una convocatoria que se publicará en el Diario Oficial de la Federación, o en alguno de los periódicos de mayor circulación donde se encuentren ubicados los bienes, para que dentro de una plazo de diez días a partir de la fecha de la publicación de la convocatoria, en subasta pública se venda el inmueble al mejor de los postores, sirviendo de precio base el señalado en el inciso a) de esta fracción, con un descuento del 20%. De ser necesario, con el mismo procedimiento se llevarán a cabo las convocatorias siguientes con el descuento mencionado sobre el precio base señalado;*

j) A falta de postores, la Institución tendrá la facultad de adjudicarse el inmueble de que se trate, a un precio igual del que sirvió de base en cada almoneda;

k) El producto de la venta será entregado a la Institución y, en su caso, a la fiduciaria, para que se aplique en la cantidad necesaria a recuperar lo pagado por la Institución, los accesorios del caso, los gastos y costas respectivos, así como las primas que estuvieren pendientes de pago, todo ello con base en los términos de la contratación con el deudor hipotecario o con el fideicomitente, según sea el caso. De existir algún remanente, se pondrá a disposición de este último y, en su caso, se hará la consignación respectiva, acompañando la documentación relativa a las aplicaciones a que se refiere este inciso, y

l) Para lo que no se encuentre previsto en las presentes reglas, se aplicará supletoriamente el Código Federal de Procedimientos Civiles, en la inteligencia de que en todo momento las Instituciones estarán obligadas a respetar los derechos de los acreedores preferentes". (Artículo 193 LISF)

El Fideicomiso

El fideicomiso es un contrato por el cual una persona destina ciertos bienes a un fin lícito determinado, encomendando la realización de ese fin a una institución fiduciaria en todas las empresas.

El fideicomiso en garantía, aparte de poder constituirse en garantía de respaldo, también de manera imperante se constituye como el ramo 5 en materia de fianzas y para las aseguradoras de caución quienes también pueden operar este ramo, el fideicomiso puede otorgarse con relación o sin relación con fianza.

De tal manera que *"El fideicomiso sólo se aceptará como garantía cuando se afecten bienes o derechos presentes no sujetos a condición. En lo conducente, se aplicarán al fideicomiso porcentajes del valor y requisitos establecidos por esta Ley para las demás garantías.*

En la constitución del fideicomiso podrá convenirse el procedimiento para la realización de los bienes o derechos afectos al mismo, cuando las Instituciones deban pagar el seguro de caución o la fianza, o cuando habiendo hecho el pago al asegurado o beneficiario, según sea el caso, tenga derecho a la recuperación correspondiente. Para estos efectos, las partes pueden autorizar a la institución fiduciaria para que proceda a la enajenación de los bienes o derechos que constituyan el patrimonio del fideicomiso y para que con el producto de esa enajenación se cubran a la Institución de que se trate las cantidades a que tenga derecho, debidamente comprobadas". (Artículo 187 LFISF)

Para más información sobre esta figura, nos podemos remitir al tema del Fideicomiso en Garantía como 5° ramo de fianzas.

La obligación solidaria

Se presenta en un contrato celebrado entre un acreedor y varios deudores o entre un deudor y varios acreedores, esta figura se denomina obligación solidaria, en este tipo de obligación se puede pedir el cumplimiento por parte del acreedor a cualquiera de los deudores; o viceversa puede el deudor pagar a cualquiera de los acreedores según sea el caso.

En materia de fianzas y aseguramiento de caución, la figura se presenta cuando existiendo un acreedor (beneficiario o asegurado) y un deudor (fiado o contratante), y este no cubre el cúmulo de sus responsabilidades ante afianzadora o aseguradora de caución, entonces debe acrecentar su línea de afianzamiento y contra garantizar con uno o varios terceros (personas físicas propietarias de inmuebles) para que estos compartan las obligaciones de cumplimiento de aquel, toda vez que en caso de que los citados fiado o contratante incumplan, la institución una vez que realizó el pago al beneficiario en virtud del incumplimiento de la obligación y el consecuente ejercicio de la fianza o seguro de caución, tanto el fiado, contratante, como obligado solidario quien hizo suyas las obligaciones de este, debe responder con su patrimonio ante la afianzadora o aseguradora de caución.

Este tipo de garantía se aceptará cuando el fiado no tenga garantías reales o su situación financiera no sea favorable y como consecuencia de lo anterior, otorgue a favor de la Institución un tercero denominado obligado solidario, de tal manera que *"la garantía que consista en obligación solidaria o contrafianza, se aceptará cuando el obligado solidario o el contrafiador, comprueben ser propietarios de inmuebles o establecimiento mercantil, inscritos en el Registro Público de la Propiedad y en el Registro Público de Comercio.*

Tratándose del otorgamiento de fianzas, el monto de la responsabilidad de la Institución no excederá del porcentaje del valor disponible de los bienes que determine la Comisión mediante disposiciones de carácter general". (Artículo 188 LISF)

Con relación a la obligación solidaria, La Circular Única de Seguros y Fianzas en su Título 11 DE LAS GARANTIAS DE RECUPERACION, en su capítulo 11.3 contempla el tema, De los límites de responsabilidad en función del valor de las garantías:

11.3.4. *"Cuando la garantía de recuperación consista en obligación solidaria, la responsabilidad de las Instituciones no excederá del 80% del valor disponible de los bienes".* (CUSF Capítulo 11.3 De los límites de responsabilidad en función del valor de las garantías)

La contrafianza

La Ley de Instituciones de Seguros y de Fianzas en su artículo 188, pone de manifiesto a la contrafianza y en específico esta figura la considera como un sinónimo de obligación solidaria, ya que estos deben ser siempre propietarios de inmuebles cuando se trate de personas físicas.

Sin embargo y a mayor abundamiento la contrafianza habitualmente se da en materia internacional y se presenta cuando un nacional deba cumplir obligaciones en el extranjero o cuando un extranjero deba cumplir obligaciones en México.

Con relación a esta figura, La Circular Única de Seguros y Fianzas en su Título 11 DE LAS GARANTIAS DE RECUPERACION, en su capítulo 11.3 contempla el tema, De los límites de responsabilidad en función del valor de las garantías:

11.3.5. *"Cuando la garantía de recuperación consista en contrafianza:*

I. *Otorgada por una Institución, la responsabilidad de las Instituciones no excederá del 90% del valor disponible de los bienes, y*

II. *Otorgada por cualquier otra persona, en cuyo caso la responsabilidad de las Instituciones no excederá del 80% del valor disponible de los bienes".* (CUSF Capítulo 11.3 De los límites de responsabilidad en función del valor de las garantías)

La contrafianza desde el punto de vista internacional es el certificado de caución y/o póliza de fianza emitido por una Institución de seguros y/o de Fianzas en México que respalda o afronta a un Seguro de caución emitido por una Institución de Seguros extranjera para garantizar las obligaciones de un contratante y/o fiado mexicano que realiza trabajos fuera de su país.

La contrafianza, también conocida como la doble fianza, se emite en el país donde se van a realizar los trabajos y es emitida por una Institución mexicana ante otra institución extranjera para que ésta entregue la garantía a un beneficiario extranjero, la contrafianza tiene un doble costo para el fiado y/o contratante, ya que es una garantía que emite una Institución extranjera la cual es respalda por un certificado de caución o póliza de fianza de institución mexicana, a esto se le conoce también como fronting.

ESQUEMA DE CONTRAFIANZA. - Ej. Cuando una persona física o moral va a realizar trabajos en el extranjero, se presenta el siguiente esquema:

1.- Un contratante o fiado mexicano formaliza un contrato o pedido (documento fuente) con un particular o gobierno extranjero. (Beneficiario y/o Asegurado).

2.- El Contratante y/o fiado mexicano, en virtud del contrato celebrado en el extranjero, requiere de una garantía.

3.- El Beneficiario o Asegurado del extranjero, exige al contratante mexicano una garantía para el cumplimiento de sus obligaciones en ese país.

4.- El contratante o fiado mexicano contacta a la institución de seguros en el ramo de caución y/o de fianzas de su país para que emita una póliza de fianza o un certificado de caución.

La Aseguradora de Caución o Institución de fianzas mexicana una vez integrado el expediente del contratante y/o fiado mexicano, emite un certificado de caución o póliza de fianza ante y a favor de la aseguradora extranjera, quien hace las veces de beneficiario de esta garantía, ya que esta a su vez emitirá otra póliza a favor del beneficiario de origen.

5.- Una vez que las Instituciones integran sus expedientes, la Institución de Seguros extranjera, emite y entrega el certificado de caución a favor del asegurado o beneficiario de su país.

El certificado de caución o la póliza de fianza garantizan el cumplimiento de la obligación del contratante mexicano-amparada en el certificado de caución emitido en el extranjero a favor del asegurado de ese país.

La Aseguradora de caución o de fianzas mexicana responde ante una Institución del extranjero prácticamente de manera incondicional e irrevocable de establecerse así en la garantía en caso de que el contratante y/o fiado mexicano incumpla con la obligación garantizada.

De acuerdo con lo anterior, podemos apreciar que en el esquema de contrafianza opera la doble fianza, es decir una fianza que se emite en México que respalda a otra fianza emitida en el extranjero. Esta operación tiene un costo doble para el contratante del seguro de caución o de la fianza, como ya se había apuntado.

Los países latinoamericanos que más realizan operaciones de contrafianza son Guatemala, Colombia, El Salvador, Chile, etc.

Las Instituciones de Seguros en el ramo de caución y las afianzadoras, no pueden realizar operaciones de contrafianza de manera automática, todas las operaciones se realizan de manera facultativa y es necesario que las Instituciones estén inscritas en el país donde van a operar, ante los correspondientes órganos de control extranjeros y prácticamente deberán intercambiar información financiera para poder conocerse y obligarse de manera recíproca.

La afectación en garantía

La institución de fianzas o la Aseguradora de Caución a su juicio, podrán afectar en garantía bienes inmuebles propiedad del fiado o del obligado solidario o de ambos en los casos siguientes:

• Cuando la fianza sea muy cuantiosa.

• Cuando el cliente no alcance el límite por fianza o por fiado.

• En la expedición de fianzas penales o aquellas que garanticen obligaciones de pago, de conformidad con los criterios de suscripción de las instituciones.

En general y cuando por la naturaleza del negocio o por las políticas de suscripción, así lo exija la Institución.

Uno de los presupuestos para realizar la afectación en garantía es que sean requisitados los contratos de afianzamiento, o la póliza para el caso del seguro de caución y de estos sean ratificadas las firmas del o los propietarios del inmueble ante un fedatario público, pudiendo ser el juez, corredor público, notario público o la Comisión Nacional de Seguros y Fianzas.

Procedimiento y trámite de ratificación de firmas ante la Comisión nacional de Seguros y Fianzas, siendo éste el más común en el sector afianzador mexicano.

En relación con este trámite de ratificación de firmas, La Circular Única de Seguros y Fianzas en su Título 11 DE LAS GARANTIAS DE RECUPERACION, en su capítulo 11.6 contempla el tema, de la ratificación de firmas ante la Comisión para la afectación en garantía y la tildación de la misma:

11.6.1. *"En cada trámite para la ratificación de firmas ante la Comisión para la afectación en garantía, se deberá presentar el contrato-solicitud o el documento que utilicen las Instituciones relacionado con la oferta, solicitud o contratación del seguro de caución o de la fianza, acompañando los ejemplares correspondientes, los cuales deberán ser máximo cuatro por trámite, ser llenados a máquina o impresora, carecer de errores, tachaduras o enmendaduras y en los que de manera clara se señale:*

I.   Ubicación y datos de inscripción en el Registro Público de la Propiedad del inmueble objeto de afectación;

II.   Nombre completo y domicilio actual de los contratantes del seguro de caución, fiados, obligados solidarios o contrafiadores;

III.   Nombre completo y domicilio actual del asegurado o beneficiario. Para el caso específico del contrato de fianza y por lo que se refiere a contratos-solicitud múltiples en los que intervienen varios beneficiarios y al amparo del cual se emitan diversas pólizas de fianza, quedará bajo la responsabilidad de la Institución de que se trate el registro de los mismos;

IV.   Nombre completo, domicilio y firma del funcionario responsable de la emisión del contrato-solicitud o del documento que utilice la Institución, relacionado con la oferta, solicitud o contratación del seguro de caución o de la fianza, y

IV.   Fecha de emisión del contrato-solicitud o del documento que las Instituciones utilicen relacionado con la oferta, solicitud o contratación del seguro de caución o de la fianza, fecha que no deberá exceder de quince días hábiles anteriores a la fecha de su presentación ante la Comisión.

11.6.2. Los contratos-solicitud o los documentos que se utilicen relacionados con la oferta, solicitud o contratación del seguro de caución o de la fianza, deberán ser requisitados por las Instituciones o por sus Agentes Mandatarios, debiendo contener la información necesaria para tal efecto y de manera particular la señalada en la Disposición 11.6.1.

11.6.3. Las personas físicas que afecten bienes inmuebles en garantía para el cumplimiento de las obligaciones que contraigan con las Instituciones, deberán presentar adicionalmente al contrato-solicitud o al documento relacionado con la oferta, solicitud o contratación del seguro de caución o de la fianza, la documentación siguiente:

I. Original y copia de identificación oficial vigente, que contenga nombre, fotografía y firma, y

II. Copia certificada del acta de matrimonio, en su caso. En el supuesto de estar casados bajo el régimen de sociedad conyugal, deberán presentarse ambos cónyuges a firmar.

Asimismo, manifestarán bajo protesta de decir verdad su estado civil, hecho que se hará constar en el documento en el que se realice la certificación de la ratificación de firmas.

11.6.4. Las personas morales que afecten bienes inmuebles en garantía para el cumplimiento de las obligaciones que contraigan con las Instituciones, o personas físicas que designen apoderados, deberán presentar adicionalmente al contrato-solicitud o al documento relacionado con la oferta, solicitud o contratación del seguro de caución o de la fianza, la documentación siguiente:

I. Original y copia de identificación oficial vigente del representante legal o apoderado, en la que se contenga nombre, fotografía y firma, y

II. Original o copia certificada del acta constitutiva de la persona moral o, en su caso, testimonio o poder en donde se consigne poder general o especial para ejercer actos de dominio, a nombre del representante legal o apoderado, en los términos del Código Civil del Distrito Federal o su correlativo en los estados de la República Mexicana.

11.6.5. En los contratos-solicitud o los documentos que se utilicen relacionados con la oferta, solicitud o contratación del seguro de caución o de la fianza, las firmas de la celebración y de la ratificación de que se trata deberán realizarse en presencia del funcionario o delegado Regional de la Comisión.

11.6.6. En los casos señalados en las Disposiciones 11.6.3 y 11.6.4, y satisfechos los requisitos citados, el funcionario o delegado Regional de la Comisión firmará y estampará el sello de la misma en el documento y copias de éste, donde se haya efectuado la ratificación correspondiente.

11.6.7. Recibido el contrato-solicitud o el documento que utilicen las Instituciones relacionados con la oferta, solicitud o contratación del seguro de caución o de la fianza, debidamente llenado y presentada la documentación correspondiente de conformidad con las Disposiciones 11.6.3 y 11.6.4, la Comisión emitirá la certificación de la ratificación de firmas a más tardar el día hábil siguiente al de presentación de la solicitud respectiva. En el caso de no cumplirse con los requisitos señalados, se tendrá por no presentado el trámite de solicitud de ratificación de firmas.

11.6.8. Los trámites a que se refiere el presente Capítulo podrán realizarse en las oficinas centrales de la Comisión o en sus Delegaciones Regionales, empleando el Sistema de Citas y Registro de Personas señalado en los Capítulos 39.1 y 39.4 de las presentes Disposiciones.

11.6.9. Las Instituciones, a solicitud del contratante del seguro de caución, fiado, obligado solidario o del contrafiador, cuando ello sea procedente, dirigirán escrito al Registro Público de la Propiedad que corresponda, solicitándole la tildación de la afectación del inmueble respectivo, asentando en dicho escrito el número del certificado de seguro de caución o de la póliza de fianza, nombre del propietario, la suma asegurada o la suma afianzada, folio real o datos registrales, ubicación del inmueble, el número bajo el que quedó inscrita la afectación, así como toda aquella información necesaria para tal efecto. Dicho escrito deberá ser firmado por los funcionarios de las Instituciones facultados para ello, firmas que deberán corresponder a las registradas ante la Comisión.

Presentada la documentación correspondiente para la constancia de tildación, la Comisión emitirá la certificación del registro de la firma del funcionario de que se trate, a más tardar el día hábil siguiente al de presentación de la solicitud respectiva. En caso de no cumplirse con los requisitos señalados, se tendrá por no presentada la solicitud." (CUSF capítulo 11.6.de la Ratificación de firmas ante la Comisión para la afectación en garantía y la tildación de la misma)

Procedimiento de afectación en garantía y obtención de cartas tildación ante la Comisión Nacional de Seguros y de Fianzas.

a) Los bienes inmuebles que se afecten deberán estar inscritos en el Registro Público de la Propiedad a nombre del fiado u obligado solidario y deberán estar totalmente libres de todo gravamen.

b) El documento en el que se haga la afectación (contrato solicitud de fianzas) será ratificado ante juez, notario, corredor público o la Comisión Nacional de Seguros y Fianzas.

c) El asiento de afectación se realizará en el Registro Público de la Propiedad, previo pago de derechos

d) La afectación en garantía surtirá efectos contra terceros, desde el momento de su asiento en el citado registro.

e) Las instituciones de fianzas están obligadas a extender a los obligados, solicitantes u obligados solidarios que hubieren constituido garantías sobre bienes inmuebles, las constancias necesarias para su tildación de las afectaciones en garantía asentadas, una vez que las fianzas hayan sido canceladas debidamente y no exista adeudo de cualquier naturaleza.

La Ley de Instituciones de Seguros y de fianzas, establece que *"el contratante del seguro de caución, fiado, obligado solidario o contrafiador, según sea el caso, expresamente y por escrito, podrán afectar, en garantía del cumplimiento de sus obligaciones con las Instituciones, bienes inmuebles de su propiedad, inscritos en el Registro Público de la Propiedad.*

El documento en que se haga la afectación, ratificado por el propietario del inmueble ante juez, notario, corredor público o la Comisión, se asentará, a petición de las Instituciones en el Registro Público de la Propiedad.

La afectación en garantía surtirá efectos contra tercero desde el momento de su asiento en el citado Registro, conforme a lo dispuesto por los párrafos segundo y tercero del artículo 286 de esta Ley, debiendo indicarse así en el propio asiento registral.

Las Instituciones estarán obligadas a extender a los contratantes del seguro de caución, fiados, solicitantes, obligados solidarios o contrafiadores, según sea el caso, que hubieren constituido garantías sobre bienes inmuebles, las constancias necesarias para la tildación de las afectaciones asentadas conforme a este artículo, una vez que los seguros de caución o las fianzas correspondientes sean debidamente cancelados, sin responsabilidad para las Instituciones y siempre que no existan a favor de éstas adeudos a cargo del contratante del seguro o del fiado por primas o cualquier otro concepto que se derive de la contratación del seguro de caución o de la fianza.

Las Instituciones serán responsables de los daños y perjuicios que causen a los interesados por no entregar a éstos las constancias antes mencionadas en un plazo no mayor de quince días hábiles, contado a partir de la fecha en que reciban la solicitud de los mismos y, en su caso, desde el momento en que el contratante del seguro de caución, fiado, obligados solidarios o contrafiadores, según sea el caso, cubran a la Institución de que se trate los adeudos a su cargo.

Las firmas de los funcionarios de las Instituciones que suscriban las constancias a que se refiere el párrafo anterior, deberán ratificarse ante la Comisión, notario o corredor públicos. Para tal efecto, esas Instituciones deberán registrar en la Comisión las firmas de las personas autorizadas para la expedición de tales constancias.

El Registro Público de la Propiedad sólo procederá a la tildación de las afectaciones correspondientes, cuando la solicitud se presente acompañada de la constancia expedida por la Institución de que se trate para la tildación respectiva con la ratificación a que se refiere el párrafo anterior.

Los trámites a cargo de la Comisión a que se refiere el presente artículo deberán atenderse a más tardar el día hábil siguiente al de presentación de la solicitud respectiva, siempre y cuando cumplan con todos los requisitos legales correspondientes". (Artículo 189 LISF)

Procedimiento de Tildación de gravamen de inmueble ante el Registro Público de la Propiedad y del Comercio

Las Instituciones, a solicitud del contratante del seguro de caución, fiado, obligado solidario o del contrafiador, cuando ello sea procedente, dirigirán escrito al Registro Público de la Propiedad que corresponda, solicitándole la tildación de la afectación del inmueble respectivo, asentando en dicho escrito el número del certificado de seguro de caución o de la póliza de fianza, nombre del propietario, la suma asegurada o la suma afianzada, folio real o datos registrales, ubicación del inmueble, el número bajo el que quedó inscrita la afectación, así como toda aquella información necesaria para tal efecto. Dicho escrito deberá ser firmado por los funcionarios de las Instituciones facultados para ello, firmas que deberán corresponder a las registradas ante la Comisión.

Presentada la documentación correspondiente para la constancia de tildación, la Comisión emitirá la certificación del registro de la firma del funcionario de que se trate, a más tardar el día hábil siguiente al de presentación de la solicitud respectiva. En caso de no cumplirse con los requisitos señalados, se tendrá por no presentada la solicitud.

Una vez obtenidas la carta tildación de gravamen, el fiado o el asegurado deberá pagar los derechos de tildación en el registro público de la Propiedad para que este reciba la documentación correspondiente y proceda a realizar el asiento correspondiente, dejando libre de gravamen la propiedad que en su momento quedo afectada en garantía por parte de la afianzadora o aseguradora de caución.

Otras formas de garantías de recuperación autorizadas en la Circular Única emitida por la Comisión Nacional de Seguros y Fianzas

La circular única de fianzas ofrece alternativas para contra garantizar diversas operaciones de afianzamiento y de aseguramiento de caución a todas aquellas personas que carecen de garantías en nuestro país o mecanismos de ministraciones de recursos cuando los anticipos son cuantiosos y el fiado no tiene manera de respaldar, dichas alternativas de contra garantizar las operaciones de afianzamiento son el manejo de cuenta bancaria, la carta de crédito standby y el indemnity agreement, veamos a continuación cada una de ellas:

El manejo Mancomunado de cuenta bancaria

Esta figura habitualmente se instrumenta como contragarantía cuando una empresa contratante y/o fiada no reúne suficientes garantías de recuperación. El manejo de cuenta bancaria puede ser mancomunado entre la afianzadora y el fiado y únicamente se utiliza en fianzas que garantizan la buena inversión de un anticipo, de acuerdo con el siguiente mecanismo:

Procedimiento para la operación del manejo Mancomunado.

1. El Ejecutivo Comercial o Agente, enviará al área de Suscripción el documento fuente y demás información para el análisis de viabilidad del manejo mancomunado.

2.. El área de Suscripción dará respuesta para determinar la viabilidad o no del negocio y establecer en su caso el manejo mancomunado para otorgar la fianza de anticipo. Si es el asunto es viable se procederá a la asignación de un despacho externo dedicado a la supervisión de obras. El cual se encargará de la supervisión y verificación de la debida inversión, aplicación y amortización de los anticipos recibidos por el/los fiados y/o contratante del seguro de caución.

3. El Despacho Supervisor, presentará la cotización al ejecutivo comercial de los costos, y este a su vez lo presentará al Fiado, por conducto del agente.

4. Si la cotización es aceptada, el fiado y/o contratante, procederá a la elaboración de las cartas relacionadas con la solicitud que el propio fiado o contratante hace a la Institución para emitir la fianza o el certificado de caución, bajo el esquema de manejo mancomunado; realizando instrucción al banco; aviso al beneficiario del esquema de manejo mancomunado. Una vez elaboradas y firmadas las boletas del banco el fiado o contratante deberá entregarlas a la Institución para que proceda a suscribirlas por la o las personas autorizadas para tal efecto.

5. Previo a lo anterior, se apertura la cuenta bancaria con Firma Mancomunada entre el Fiado o contratante y la Institución.

6. El cliente que será supervisado procede a la firma del contrato de servicios con el despacho supervisor, donde establecerán honorarios, plazos y condiciones de supervisión ya sea local o foránea.

7. Se firma el contrato de manejo mancomunado celebrado entre la afianzadora y el cliente.

8. La Institución verificará con el banco la apertura de la cuenta mancomunada y que el banco recibió y acepta la instrucción de no hacer ningún cambio sin la autorización de Institución de garantías.

9. Si el pago del anticipo es mediante transferencia bancaria, este deberá ser a la cuenta bancaria mancomunada abierta para este fin. Si es a través de cheque nominativo o para abono en cuenta del beneficiario, dependiendo del monto, la entrega del cheque será en presencia de un funcionario de la Institución, quien además deberá suscribir dicho título de crédito.

10. El cliente y agente informarán al área de Suscripción cuando el beneficiario efectué el depósito del anticipo en la cuenta mancomunada.

11. La Institución elaborará en conjunto con el fiado un aviso al banco que el cheque al que se refiere el numeral 9, no podrá ser cancelado sin autorización de la Institución.

12. El área de suscripción envía al cliente/agente, el texto propuesto para fianzas de anticipo bajo la garantía de manejo mancomunado.

13. Se registra la Garantía Mancomunada en el Sistema de la Institución, considerando que el monto debe ser igual a la responsabilidad a cubrir (Anticipo) y al cheque o transferencia referida en el punto 9.

14. El área de Suscripción, una vez que recibe la documentación completa del manejo mancomunado la revisa conjuntamente con el área jurídica y si es correcta libera la clave de autorización para emitir la fianza para que posteriormente ambas áreas controlen el seguimiento del proyecto hasta su término.

15. El despacho supervisor entregará documentación soporte para liberar recursos.

16. La Institución revisará y autorizará la transferencia o la firma de cheques de dichos recursos a nombre y/o cuentas bancarias de los proveedores del fiado.

17. El despacho supervisor realiza y entrega reportes de avance en forma mensual.

18. El cliente o en su caso el supervisor deberá entregar mensualmente a la Institución copia del estado de cuenta bancario de la cuenta mancomunada, el cual deberá ser anexado al expediente del manejo mancomunado.

19. El área de Suscripción de la Institución llevará un expediente específico para cada manejo mancomunado, mismo que servirá para controlar el proyecto.

La carta de crédito standby

Este instrumento, también está autorizado como una contragarantía en México y el documento es expedido por un banco corresponsal en México, el cual es respaldado por un Banco extranjero donde reside el fiado o contratante o tomador del seguro de caución, así llamado en otros países al deudor principal. La Carta de Crédito se realiza generalmente cuando un fiado o contratantes extranjeros no cuentan con ningún tipo de garantías típicas autorizadas por la Ley de Instituciones de Seguros y de Fianzas, en tal virtud podemos hacer uso de las contragarantías que autoriza la Comisión Nacional de Seguros y de Fianzas en la CUSF.

La carta de crédito Standby, es una garantía de las llamadas independientes y para que una Institución la pueda tomar como contragarantía, deberá contener los siguientes elementos:

• Tendrá el carácter de irrevocable y deberá ser confirmada por un banco mexicano aceptado por la institución de fianzas.

• El beneficiario de esta garantía es institución de garantías.

• El Monto y concepto deberán ser iguales al de la fianza solicitada.

• La vigencia deberá ser hasta su término y por seis meses adicionales a la vigencia de la fianza.

• La fianza o certificados de caución serán timbrados una vez que la Institución de garantías tenga en su poder la carta de crédito standby de manera física, generada por el banco corresponsal del fiado o contratante.

La carta de crédito standby, generalmente es aceptada por empresas extranjeras que vienen a realizar trabajos en México y al no tener garantías suficientes ni comprobables a que se refiere la ley de Instituciones de Seguros y de Fianzas, ofrecen a la institución este tipo de alternativa.

La carta de crédito standby es un instrumento flexible que se utiliza para garantizar diferentes clases de obligaciones, en la cual, si el solicitante no cumple con los compromisos adquiridos, el banco garantiza el pago. En operaciones de comercio internacional, el uso de la Carta de Crédito Standby o de una Garantía Independiente se ha generalizado como instrumentos para asegurar el cumplimiento de obligaciones, inclusive en México.

A través de las Cartas de Crédito Standby pueden garantizarse obligaciones tales como:

▪ Obligaciones de tipo Comercial.
▪ Obligaciones de tipo Financiero.
▪ Obligaciones de Servicios.

Las Garantías Contractuales o Bonds en otros países, son aquellas operaciones mediante las cuales, las instituciones bancarias garantizan y respaldan la participación de empresas en concursos o licitaciones públicas internacionales, para la adjudicación de contratos de venta de mercancías o para la prestación de servicios.

En los contratos de obra pública, es usual que se tomen como garantía la carta de crédito, sobre todo en garantías de sostenimiento de oferta y cumplimiento de contratos.

El Indemnity agreement o Convenio de Indemnización

Es una carta de indemnidad autorizada en nuestro país por la Comisión Nacional de Seguros y de Fianzas y la CUSF, se utiliza cuando una empresa mexicana, filial de una extranjera no cuenta con las garantías suficientes en México, ante esta circunstancia la empresa matriz en el extranjero actúa como obligado solidario, suscribiendo una carta de indemnidad en favor de una Institución Mexicana, de acuerdo al siguiente procedimiento:

1.- La Institución realiza el procedimiento de suscripción con el análisis de viabilidad financiera de la empresa matriz en el extranjero, mediante estados financieros o reporte anual, escritura constitutiva o poder y ID del apoderado.

2.- Siendo viable financieramente la empresa extranjera para constituirse como garante de su filial en México, la Institución proporcionará a la fiada o contratante un formato modelo de contrato denominado Indemnity agreement en su idioma para que lo envíe de manera electrónica a su casa matriz y sea analizado y requisitado para la obtención de firmas.

3.- La casa matriz de la fiada o contratante, deberá acudir ante fedatario público de su país para ratificar las firmas de dicho contrato de indemnidad y una vez teniendo la certificación del fedatario de su país se lleva con el cónsul mexicano de su localidad para que ese documento sea apostillado.

4.- Cuando la Institución cuenta con el documento protocolizado y apostillado de manera física, procede a emitir la fianza o certificado de caución hasta el límite de la responsabilidad garantizada ante el beneficiario por el fiado o contratante.

A continuación, se presenta un modelo de Indemnity agreement:

CONVENIO DE INDEMNIZACION

SE GARANTIZA, a partir de _____ *, por el suscriptor (el "Garante")* _____ *representado en este convenio por* _____ *(de aquí en adelante denominado el "Garante"), a favor de LA INSTITUCION. (De aquí en adelante denominada la "Afianzadora")*

DECLARACIONES:

CONSIDERANDO QUE, LA INSTITUCION (la "Afianzadora") ha expedido y en el futuro podrá expedir fianzas a nombre de _____ *el Garante, a favor de los Beneficiarios (Beneficiarios de acuerdo a la solicitud - contrato entre la Afianzadora y el Fiado en la forma de un "Contrato de Afianzamiento Múltiple" (el Contrato de Afianzamiento);*

CONSIDERANDO QUE, el Garante desea garantizar a la "Afianzadora" incondicionalmente sus obligaciones bajo el Contrato de Afianzamiento;

POR LO TANTO, AHORA, por el valor de la suficiencia del cual se tiene conocimiento, el Garante hace aquí mismo las siguientes representaciones y garantiza a la Afianzadora y aquí mismo garantiza y conviene con la Afianzadora como sigue:

SECCION 1. <u>Garantía.</u> *El Garante, por su ejecución de la misma, como Garante (fiador) en el presente, incondicional e irrevocablemente garantiza (como deudor que se obliga y no como afianzador) el pago completo y puntual, cuando venza, de todas las sumas pagaderas por la misma, como el Fiado bajo el Contrato de Afianzamiento, ya sea por las primas, intereses, derechos o gastos, o por pagos hechos por la Afianzadora o bajo cualesquiera fianzas expedidas de acuerdo con el Contrato de Afianzamiento de común acuerdo a las "Obligaciones, y el Garante además conviene en indemnizar a la Afianzadora todos los costos y gastos, (incluyendo honorarios de abogados y gastos)* pagados o en que haya incurrido la Afianzadora al esforzarse en cobrar las obligaciones o cualquier parte de la misma, y hará cumplir las provisiones de esta Garantía.

SECCION 2. _Garantía Absoluta._ El Garante garantiza que las Obligaciones se pagarán estrictamente de acuerdo a los términos del Contrato de Afianzamiento, sin importar ninguna ley, reglamento u orden ahora o después en efecto de cualquier jurisdicción que afecte cualquiera de tales términos o derechos de la Afianzadora con respecto a la misma. La responsabilidad del garante bajo esta Garantía será absoluta e incondicional sin tomar en cuenta:

(i)   cualquier falta de validez o exigencia del cumplimiento del Contrato de Afianzamiento o de cualquier fianza emitida bajo el mismo o cualquier otro acuerdo o instrumento en relación al mismo;

(ii)   cualquier cambio de fecha, modo, lugar de pago o en cualquier otro término de, todo o cualesquiera de las Obligaciones, o cualquier otra corrección o renuncia de o cualquier consentimiento de desviación del Convenio de Afianzamiento o de cualquier fianza expedida bajo la presente;

(iii)   Cualquier intercambio, liberación o no perfección de algún colateral, o cualquier liberación o corrección o renuncia a, o consentimiento de desviación de cualquier otra garantía para todo o cualesquiera de las Obligaciones;

(iv)   cualquier bancarrota, insolvencia, suspensión de pagos o reorganización de u otros procedimientos similares que involucren al Garante; o

(v)   cualesquier otras circunstancias (otras que no sean de pago completo de las obligaciones) que de otra manera constituyan una defensa disponible para, o una descarga respecto a las Obligaciones del Garante con respecto a esta Garantía.

Esta Garantía continuará en vigencia o se reinstalará, según sea el caso, si en algún momento, cualquier pago de cualesquiera de las Obligaciones se rescinde o de otra manera deba devolverse a la Afianzadora al llevarse a cabo la *insolvencia, bancarrota, suspensión de pagos o reorganización del Garante o que, de otra manera todo como si no se hubiera efectuado tal pago.*

SECCION 3. *Continuidad de Garantía.* *Esta Garantía será en todo aspecto una continuación absoluta e incondicional garantía, y permanecerá en vigor y en efecto, conviniéndose que las Obligaciones del Garante bajo la misma no serán llevadas a cabo hasta que todas las Obligaciones hayan sido completa e irrevocablemente pagadas y satisfechas.*

SECCION 4. *Derechos del Afianzador.* *El Afianzador puede, de vez en cuando, ya sea antes o después de cualquier interrupción de esta Garantía, a su propio criterio y sin aviso al Garante, sin incurrir en responsabilidad para el Garante y sin perjudicar o liberar las obligaciones del Garante, tomar cualquiera de todas las siguientes medidas:*

retener u obtener garantías adicionales de cualquier obligado u obligados, en adición al Garante, con respecto a cualesquiera de las Obligaciones, (b) extender o renovar por uno o más períodos (ya sean más largos o no, que el período original), alterar, intercambiar, corregir, modificar, acelerar, comprometer, renunciar, someter o librar cualesquiera de las Obligaciones, o liberar o comprometer cualquier Obligación de cualquier naturaleza de cualquier otro obligado con respecto a cualesquiera de las Obligaciones, (c) liberar su interés de seguridad en, o someter, liberar o permitir cualquier substitución o intercambio por, todo o alguna parte de cualquier bien garantizando cualesquiera de las Obligaciones, o extender o renovar por uno o más períodos (ya sean más largos o no que el período original) o liberar, llegar a un arreglo, alterar o intercambiar cualesquiera de las obligaciones de cualquier naturaleza de cualquier obligado con respecto a cualesquiera de tales bienes, y (d) recurrir al Garante para los pagos de cualesquiera de la Obligaciones ya sea que el Afianzador haya recurrido o no a cualquier bien garantizando cualesquiera de la Obligaciones o que haya procedido contra cualquier otro obligado (incluyendo cualesquiera de las Partes Participantes o a cualquier otro garante) si el Afianzador de vez en cuando o en cualquier momento, sin importar si el Afianzador hubiese notificado o no de esto al

Garante, podrá retener u obtener una garantía prendaria o de cualquier tipo, en cualquier propiedad para garantizar cualesquiera de las Obligaciones o cualquier obligación del Garante bajo esta Garantía, o altere, corrija, modifique, comprometa o renuncie a cualquier otra provisión del Contrato de Afianzamiento o de cualquier fianza emitida bajo el mismo, tal acción no afectaría de ningún modo o impedirá los derechos de la Afianzadora o las obligaciones del Garante bajo esta Garantía.

SECCION 5. *Aplicación de Pagos, No Subrogación.* Cualquier cantidad recibida por la Afianzadora de cualquier fuente, a cuenta de las Obligaciones y en tal orden de aplicación, tal como la Afianzadora puede elegir de vez en cuando, no obstante cualquier pago hecho por o a cuenta del Garante según esta Garantía, el Garante no será subrogado a ningún derecho de la Afianzadora, o si no obstante lo arriba mencionado, o por operación de cualquier ley aplicable el Garante llegará a ser subrogado de tales derechos, el Garante conviene en que no llevará a cabo ninguno de tales derechos ni tendrá derecho a ningún beneficio del mismo, hasta el momento en que esta Garantía haya sido interrumpida en lo que se refiere al Garante, y la Afianzadora haya recibido el pago de la cantidad completa de todas las Obligaciones y de todas las obligaciones del Garante bajo esta Garantía; y si tal pago ha sido hecho a las obligaciones del Garante, bajo esta Garantía; y si cualesquiera de tales pagos se hizo al Garante a cuenta de tales derechos de subrogación en cualquier momento cuando todas las Obligaciones no se hayan pagado por completo, todas y cada una de las cantidades así pagadas se tendrán en retenidas en depósito y serán pagadas inmediatamente a la Afianzadora para abonarse y aplicarse sobre cualesquiera de las Obligaciones.

SECCION 6. *Renuncia del Garante.* El Garante expresamente renuncia aquí a: (a) Avisar sobre la aceptación de la Afianzadora de esta Garantía; (b) avisar de la existencia o creación o falta de pago de todo o cualesquiera de las Obligaciones; (c) Presentación, demanda, aviso de deshonor, protesta y toda otra noticia, la que sea; (d) toda diligencia en cobro o protección de o realización de las obligaciones o cualquiera de ellas, cualquier obligación del

Garante bajo esta Garantía, o cualquier seguridad para o Garantía de cualesquiera de los puntos anteriores; y (e) todos los derechos de contrademanda, compensaciones o cualquier otra defensa de pago (otros que no sean los pagos).

Para este propósito, el Garante aquí mismo renuncia irrevocablemente a los derechos otorgados por los Artículos 2846 y 2849 del Código Civil para el Distrito Federal de México y los artículos correspondientes del Código Civil para todos los otros Estados de los Estados Unidos Mexicanos, asimismo, el Garante irrevocablemente renuncia al beneficio de ordenar y ejecutar y del juicio previo, embargo y ejecución provistos en los Artículos 2814 y 2815 del mismo Código Civil y los artículos correspondientes de tal otro Código Civil. En suma, el Garante aquí conviene en que esta Garantía permanecerá en vigencia en el caso de extensión o abstención de las obligaciones, por cuyo propósito aquí renuncia irrevocablemente a los beneficios provistos en los Artículos 2846 y 2857 de dicho Código Civil y los artículos correspondientes de tal otro Código Civil.

Para el propósito de esta Garantía, el Garante también, en la misma, renuncia irrevocablemente a las provisiones de los Artículos 2836, 2839, 2844 y 2845 del citado Código Civil y los artículos correspondientes de tal otro Código Civil.

SECCION 7. _Representaciones y Garantías del Garante._ El Garante representa y garantiza a la Afianzadora como sigue:

(a) El Garante es una Compañía debidamente organizada y con validez de existencia bajo la ley de _____ y tiene el poder y autoridad para poseer sus predios, manejar sus negocios como los maneja en la actualidad y cumplir con sus obligaciones bajo esta Garantía.

(b) El Garante ha tomado todas las medidas necesarias para autorizar la ejecución y entrega de la Garantía y el cumplimiento de sus obligaciones bajo este convenio.

(c) Esta Garantía ha sido ejecutada y entregada por el Garante y constituye *una obligación legal, válida y obligatoria del Garante, exigible al Garante de acuerdo con sus términos.*

(d) Toda autorización del gobierno y acciones de cualquier clase necesarias para autorizar esta Garantía o que requiera la validez o exigibilidad al Garante de esta Garantía ha sido obtenida o llevada a cabo y es válida y subsiste en pleno vigor y efecto.

(e) Ningún evento que ocurra y sus secuelas, o que, al dar la notificación o el lapso de tiempo o ambos, constituirá un incumplimiento bajo algún acuerdo o instrumento que evidencie algún endeudamiento del Garante, y en ninguno de tal evento ocurrirá al llevar a cabo la expedición de esta Garantía.

(f) Ningún consentimiento o aprobación de, o notificación a, ningún acreedor del Garante se requiere en los términos de cualquier convenio o instrumento que evidencie cualquier endeudamiento de Garante para la ejecución o entrega por parte del Garante de, o la realización de sus obligaciones bajo esta Garantía y tal ejecución, entrega y realización no resultaran de abuso o de violación alguna, o constituirá una falla bajo la Constitución o por el reglamento del Garante o cualquier acuerdo, instrumento, juicio, orden, estatuto, regla o reglamento aplicable al Garante o a cualquiera de sus propiedades.

(g) No hay acciones, procedimientos o reclamaciones pendientes o en conocimiento del Garante, amenazas a determinaciones adversas de las cuales podría haber un efecto adverso materialmente sobre el Garante al cumplir sus obligaciones, o afectar la validez o vigencia de esta Garantía.

(h) La ejecución y entrega de este Convenio no están sujetos a ningún impuesto, obligación, honorario u otro tipo de cargos, incluyendo, sin limitación, cualquier registro o transferencia de impuesto, timbres fiscales o recaudaciones similares, impuestas por o dentro de (País y Estado del Garante) a cargo de la Afianzadora sea en cualquier subdivisión política o autoridad en tasaciones de la misma o en la misma,

(i)   Ninguna retención respecto a algún impuesto obligatorio dentro de (País y Estado del Garante) o ninguna subdivisión política o autoridad en impuestos de la misma o en la misma se requiere para hacerse de algún pago por el Garante bajo esta Garantía.

SECCION 8.   *Sumisión a Jurisdicción.   El Garante en la misma irrevocablemente conviene en que cualquier acción legal o procedimiento que surja de o de alguna manera relacionado a esta Garantía pueda llevarse a la Corte del Estado de _____ ubicada en _____ o en un tribunal competente de la Ciudad de México, a elección de el Garante.   El Garante expresa e irrevocablemente a cualquier otro tribunal. El Garante además de manera irrevocable da su consentimiento para hacer frente a tal acción o proceso por medio del envío por correo de las copias del mismo, con porte prepagado a la dirección que aparece más abajo, y tal servicio entrará en vigor 15 días después de tal envío.   Nada de lo que se estipule aquí, afectará el derecho de la Afianzadora para empezar el proceso legal o en caso contrario, proceder en contra del Garante en los Estados Unidos Mexicanos o en cualquier otra jurisdicción competente en la cual el Garante tenga bienes o la notificación del proceso que, de cualquier otra manera, permita su aplicación por ley.*

El Garante:

_____

_____

Domicilio:

_____

SECCION 9. *Tipo de Moneda en el Juicio. La obligación del Garante en lo que respecta a cualquier cantidad que le deba a la Afianzadora bajo esta Garantía será, no obstante, el tipo de moneda en el juicio ("Tipo de Moneda en el Juicio") otra que no sea en la que tal cantidad sea pagadera bajo el mismo ("Moneda convenida") se liquide únicamente hasta la extensión en que el Día de la*

Negociación, siguiente al recibo por la Afianzadora de cualquier suma fallada, si la cantidad de Moneda Convenida así adquirida es menor de la originalmente adeudada a la Afianzadora en la Moneda Convenida, el Garante, conviene, como una obligación por separado y no obstante, cualquier sentencia para indemnizar a la Afianzadora por tal pérdida. De igual manera la Afianzadora Conviene en la devolución de cantidades excedentes al indemnizador.

SECCION 10. *Varios. Ninguna acción por parte de la Afianzadora permitida bajo el presente, o bajo el Contrato de Afianzamiento de ninguna manera afectará o perjudicará los derechos de la Afianzadora y las obligaciones del Garante bajo esta Garantía. Ninguna falla o demora por parte de la Afianzadora en el ejercicio de cualquier derecho, poder o apelación bajo el mismo operará como renuncia del mismo, ni hará ningún ejercicio parcial o único de cualquier tal derecho, poder o apelación que impida cualquier otro derecho, poder o apelación bajo el mismo. Ninguna corrección, modificación expiración o renuncia de cualquier provisión a la Garantía ni el consentimiento de desviación por el Garante en tal capacidad, será efectiva en ningún caso a menos que el mismo se escriba y firme por la Afianzadora, y entonces tal renuncia o consentimiento será efectivo únicamente en la ocasión específica y con el propósito específico para el cual se dio. Ningún aviso a o demanda del Garante en tal capacidad, en ningún caso nombrará al Garante en tal capacidad a cualquier otra o, notificará adicionalmente o demandará en otras o similares circunstancias. Para el propósito de esta Garantía, las "Obligaciones" incluirán, como se define en el mismo, no obstante, cualquier derecho o poder de la Afianzadora o a alguien más para confirmar cualquier reclamación o defensa según la invalidez o inexigibilidad de alguna de la tal obligación, y alguna tal reclamación o defensa que afectara o perjudique las Obligaciones del Garante bajo esta Garantía.*

Esta Garantía será obligatoria al Garante y asignados del Garante y todas las tales personas se les obligará bajo el presente, siempre y cuando que ningún Garante pueda asignar o transferir sus derechos u obligaciones bajo el mismo sin el consentimiento por escrito de la Afianzadora.

SECCION 11. _Leyes Gubernamentales._ Esta Garantía será regida por y constituida de acuerdo a las leyes de los Estados Unidos Mexicanos.

SECCION 12. _Conocimiento del Garante._ El Garante tiene conocimiento del presente de que está familiarizado con las provisiones del Contrato de Afianzamiento y está de acuerdo en que esta Garantía se constituirá de acuerdo con las mismas.

SECCION 13. _Supervivencia del Convenio._ Si alguna provisión o provisiones de este Acuerdo se cancelarán o dejará de estar vigente bajo las leyes en alguna parte del reglamento, su constitución o vigencia, este Convenio no será cancelado o invalidado por el presente, pero se constituirá y pondrá en vigencia con el mismo efecto, aunque tales provisiones o provisión se omitan.

SECCION 14. _Vigencia._ Esta Garantía terminará:

en el momento en que se termine el Contrato de Afianzamiento; (b) por cancelación autorizada de todas las obligaciones (c) por consentimiento mutuo entre las partes del presente.

EN FE DE LO CUAL, el Garante ha causado esta Garantía para ejecutarse y entregarse a partir de la fecha arriba escrito.

(Nombre del Garante) (Fiador)

Deudor Solidario

Por:

Titular:

Domicilio:

DOY FE DE ESTE HECHO

_____

Secretario/Asistente del secretario

(Sello Corporativo del Indemnizador)

ESTADO DE:

PAIS:

Firmado y bajo juramento ante mí _____ *a*
favor de _____ *el día* ____ *de* _____
____ *de* ____.

NOTARIO PÚBLICO

_____

RATIFICACIÓN DEL CONSULADO MEXICANO O SELLO DE APOSTILLE

_____

ANEXO

EN CASO DE QUE UNA RECLAMACION SEA DETERMINADA POR LA INSTITUCION COMO LEGITIMA, EL OBLIGADO SOLIDARIO SE OBLIGA A PROPORCIONAR A LA INSTITUCION LOS FONDOS NECESARIOS PARA EL PAGO DE TAL(ES) FIANZA(S) EN PRIMERA DEMANDA'. [56]

---

[56] Fuente: Formato que utiliza Liberty Fianzas, S.A. de C.V. en las operaciones de Indemnity Agreement

Capítulo Quinto

I.   Procedimiento común para hacer efectivo el certificado de caución y la fianza. La recuperación cuando la Institución realizó el pago de la reclamación o la indemnización conforme a la Ley de Instituciones de Seguros y de Fianzas.

Procedimiento común para hacer efectivas las garantías del orden penal en el Seguro de Caución y la Fianza [57]

"La Ley de Instituciones de Seguros y de Fianzas, no aporta un procedimiento de reclamación específico para las fianzas del orden penal, solo determina un procedimiento común para el Seguro de Caución y la Fianza el cual a continuación será abordado.

En este procedimiento analizaremos que los certificados de los seguros de caución y las fianzas serán exigibles por una autoridad ejecutora, procede como en el procedimiento administrativo, *un requerimiento de pago* y no una petición de pago como sucede en otro tipo de procedimientos de reclamación, como lo es entre particulares.

Por tanto, *"Los seguros de caución y las fianzas otorgadas ante autoridades judiciales del orden penal se harán efectivas conforme a las siguientes reglas:*

I. La autoridad judicial, para el sólo efecto de la presentación del contratante del seguro o fiado, según sea el caso, requerirá personalmente o bien por correo certificado con acuse de recibo, a la Institución en sus oficinas principales, sucursales, oficinas de servicio o bien en el domicilio del apoderado designado para ello. Dicho requerimiento podrá hacerse en cualquiera de los establecimientos mencionados o en el domicilio del apoderado de referencia, que se encuentre más próximo al lugar donde ejerza sus funciones la autoridad judicial de que se trate;

II. Si dentro del plazo concedido, no se hiciere la presentación solicitada, la <u>*autoridad judicial lo comuni*</u>*cará a la autoridad ejecutora federal o local, según*

[57] Manuel Molina Bello, El Seguro de Caución en México, Ed. Tirant Lo Blanch, México 2015 Págs. 229 y 230.

sea el caso, para que proceda en los términos de los artículos 278 y 282 de esta Ley. Con dicha comunicación deberá acompañarse constancia fehaciente de la diligencia de requerimiento, y

III. El seguro de caución o la fianza será exigible desde el día siguiente al del vencimiento del plazo fijado a la Institución para la presentación del contratante del seguro o del fiado, según sea el caso, sin que lo haya hecho" (Artículo 291 de la LISF).

Como resumen de lo anterior podemos compartir lo siguiente:

a) La autoridad judicial solicitará a la Institución la presentación del reo, o sea el contratante o fiado en caso de que no se presente a cumplir con sus obligaciones procesales. Esto solo aplica para las fianzas que garantizan la libertad provisional del imputado.

b) Cuando no se pudo hacer la presentación del imputado por parte de la Institución, la autoridad judicial donde se encuentra el reo, lo comunicará a la autoridad ejecutora federal o local para que ejercite el certificado de caución o la fianza, quien realizará el requerimiento de manera personal o por correo certificado.

c) El requerimiento de pago o ejercicio de la fianza o certificado de caución se realizará con base en lo que establecen los artículos 278 y 282 de la LISF, los cuales establecen *el procedimiento de requerimiento de pago*, haciendo especifico énfasis a las figuras del seguro de caución y de la fianza".

Procedimiento de recuperación cuando la Institución de garantías realizó el pago de la reclamación o indemnización, ante el incumplimiento de las obligaciones del solicitante - fiado en la fianza judicial y/o solicitante o el contratante del seguro de caución penal. [58]

"Una vez que la Institución substanció cualquiera de los procedimientos de reclamación o requerimiento de pago señalados con anterioridad y de ser

---

[58] Manuel Molina Bello, Ob. Cit., Ed. Tirant Lo Blanch, México 2015 Págs. 251 y 252

procedente el pago de la reclamación o requerimiento de pago, la Institución tiene acción de reembolso frente al fiado, contratante del seguro y su o sus obligados solidarios, después de haber pagado por cualquiera de ellos.

Requisitos de la Acción de reembolso

− Que la Institución haya pagado la deuda.

− Que el pago sea capaz de extinguir la obligación.

− Que el Garante no este privado de la acción.

− Que la acción se entable oportunamente, o sea, antes de que prescriba.

− Que se entable contra el deudor principal:

− En el caso que haya codeudores solidarios y la Institución los haya afianzado a todos, habrá acción de reembolso contra cada uno de ellos por el total, quedando a salvo la acción subrogatoria.

− Si sólo ha afianzado a uno de ellos, sólo podrá repetir contra éste por el total.

− Si ha afianzado a varios deudores simplemente conjuntos, sólo podrá repetir contra cada uno de ellos por la cuota que a cada cual le corresponda en la deuda.

La Ley Sobre el Contrato de Seguro y la Ley de Instituciones de Seguros y de Fianzas, determinan la forma de como una Institución puede recuperar del citado fiado o contratante, los importes que en su caso pagó por cualquiera de ellos, haciendo uso del derecho de repetición que corresponda y así tenemos que el Artículo 151 de la LSCS, determina en su segundo párrafo que *"todo pago hecho por la aseguradora deberá serle reembolsado por el contratante del seguro"*.

Se reitera, para el caso en que la Aseguradora de caución realizó un pago procedente de un requerimiento, esta puede recuperar del contratante a través de una acción, interponiendo *un juicio ejecutivo mercantil, con base en lo siguiente:*

"La póliza de seguro de caución tendrá aparejada ejecución, a efecto de que la aseguradora obtenga del contratante del seguro o sus obligados solidarios, el anticipo del monto líquido de la indemnización que el asegurado haya requerido a la empresa de seguros o el reembolso de su pago al asegurado, cuando se cumplan los siguientes requisitos:

I. La suma por la que se demande la ejecución no deberá exceder el monto convenido de la indemnización previsto en la póliza, sus accesorios y las primas adeudadas;

II. A la póliza se acompañarán, según corresponda, el requerimiento o el recibo de pago de la indemnización suscrito por el asegurado o por su representante legal, o la certificación respecto del pago de la indemnización cubierta al asegurado que realice la empresa aseguradora en términos de la Ley de Instituciones de Seguros y de Fianzas, y

El transcurso de diez o más días naturales desde el día siguiente a aquél en que la aseguradora requiera el anticipo o el reembolso al contratante del seguro". (Artículo 158 LSCS)

Por su parte, la Ley de Instituciones de Seguros y de Fianzas en el Capítulo Tercero "De los Procedimientos Comunes", en su Artículo 290, nos aporta los documentos que traen aparejada ejecución para el cobro de la cantidad que fue pagada al beneficiario de la fianza o al asegurado, el cual se transcribe a continuación. *"En el caso de los seguros de caución, la certificación del pago prevista en la fracción II del artículo 158 de la Ley sobre el Contrato de Seguro, deberá ser realizada por las personas facultadas por el consejo de administración de la Institución de Seguros de que se trate.*

Tratándose de fianzas, el documento que consigne la obligación del solicitante, fiado, contrafiador u obligado solidario, con la Institución, acompañado de una copia simple de la póliza y de la certificación de las personas facultadas por el consejo de administración de la Institución de que se trate, de que ésta pagó al beneficiario, llevan aparejada ejecución para el cobro de la cantidad correspondiente y sus accesorios. El documento que consigne la obligación del solicitante, fiado, contrafiador u obligado solidario, con la Institución, acompañado de una copia simple de la póliza y de la certificación de las personas facultadas por el consejo de administración de la Institución de que se trate, de que existe el adeudo a cargo de éstos, llevan aparejada ejecución para el cobro de primas vencidas no pagadas y accesorios de estas.

Las certificaciones a que se refiere este artículo harán fe en los juicios respectivos, salvo prueba en contrario".

Podemos notar que la documentación que se requiere para realizar un juicio ejecutivo mercantil en contra del fiado, contratante del seguro de caución y su o sus obligados solidarios es más simple para el seguro de caución que para la fianza, ya que como se señaló en líneas anteriores para el seguro de caución solo se requiere de la certificación del pago debidamente suscrito por la persona facultada por el Consejo de administración de la Aseguradora y para el caso de la acción de reembolso de la fianza, se requiere del contrato de afianzamiento, copia de la póliza de la fianza y de la certificación que haga la persona facultada por el consejo donde se acredite que la afianzadora pago al beneficiario, las cantidades incumplidas por el fiado. Lo anterior trae aparejada ejecución y se reitera que, con esa documentación, la Institución de que se trate puede interponer su acción de recuperación o reembolso, mediante el citado juicio ejecutivo mercantil".

Este juicio se deberá realizar con base en lo establecido en el Código de Comercio y de aplicación supletoria el Código Federal de Procedimientos Civiles.

Capítulo Sexto

I. Terminología en materia de seguros en general, seguro de caución y fianzas [59]

El Título 1, capítulo 1.1. DE LAS DISPOSICIONES PRELIMINARES, de la Circular Única de Seguros y Fianzas, aporta la terminología necesaria para definir de la manera más precisa las figuras y conceptos más importantes en materia de seguros en general, seguros de caución, fianzas, etc., de la siguiente manera:

1.1.1. Para efectos de las presentes Disposiciones, y conforme a lo señalado en el artículo 2 de la Ley de Instituciones de Seguros y de Fianzas, se entenderá por:

I. **Acreditado de un Crédito de Vivienda Asegurado**, tratándose de los seguros de crédito a la vivienda a que se refiere la fracción XIII del artículo 27 de la LISF, el deudor del Crédito de Vivienda Asegurado;

II. **Actividad Empresarial**, las señaladas en el Código Fiscal de la Federación, quedando excluidas las actividades habituales y profesionales de crédito que, en un ejercicio, representen la proporción de activos crediticios o ingresos asociados a dicha actividad, conforme a lo señalado en la Ley del Impuesto sobre la Renta;

III. **Administrador de Cartera de Créditos de Vivienda Asegurados**, tratándose de los seguros de crédito a la vivienda a que se refiere la fracción XIII del artículo 27 de la LISF, la persona moral que realiza la administración de la cartera de Créditos de Vivienda Asegurados, actuando en representación del Beneficiario de un Seguro de crédito a la vivienda;

IV. **Agente**, la persona física o moral autorizada por la Comisión para realizar actividades de Intermediación de Seguros o de Fianzas;

V. **Agente Mandatario**, al Agente que le haya sido otorgado un mandato con representación por parte de las Instituciones, para que a su nombre y por

---

[59] Fuente, Circular única de Seguros y Fianzas, publicada en el Diario Oficial de la Federación el 19 de diciembre de 2014

su cuenta actúe con facultades expresas, el cual debe contar con la autorización previa de la Comisión para actuar como tal;

VI.   **Agente Persona Física,** la persona física autorizada por la Comisión para realizar actividades de Intermediación de Seguros o de Fianzas, pudiendo ser:

a)   **Persona física vinculada a las Instituciones por una relación de trabajo,** en los términos de los artículos 20 y 285 de la Ley Federal del Trabajo, autorizada para promover en nombre y por cuenta de las Instituciones, la contratación de seguros o de fianzas, o

b)   **Persona física que, en forma independiente, sin relación de trabajo con las Instituciones,** presta servicios de promoción de contratación de seguros o de fianzas con base en contratos mercantiles, y que cuenta con la autorización de la Comisión para realizar dicha actividad;

VII.   **Agente Persona Moral,** la persona moral autorizada por la Comisión, que se constituya como sociedad anónima para realizar actividades de Intermediación de Seguros o de Fianzas;

VIII.   **Agente Provisional,** la persona física autorizada de manera provisional por la Comisión para realizar actividades de Intermediación de Seguros o de Fianzas, que se encuentre en capacitación por parte de las Instituciones, conforme a lo previsto en el artículo 20 del Reglamento de Agentes de Seguros y de Fianzas;

IX.   **Apartado Electrónico,** el medio electrónico que respecto de cada Institución y Sociedad Mutualista se incluye en el Sistema de Notificación de Oficios de Requerimiento (SNOR) a que se refieren los Capítulos 39.1 y 39.5 de las presentes Disposiciones, a través del cual la Comisión notificará a las Instituciones y Sociedades Mutualistas los Oficios de Requerimiento, Requerimientos, oficios de otorgamiento o no otorgamiento de prórrogas y oficios recordatorio, y a través del cual las Instituciones y Sociedades Mutualistas tomarán conocimiento de esas notificaciones, comunicarán y enviarán a la Comisión las Respuestas Negativas y solicitudes de prórroga;

X.   **Apoderado de Agente Persona Moral,** la persona física autorizada por la Comisión que, habiendo celebrado contrato de mandato con un Agente

Persona Moral, se encuentre expresamente facultada para desempeñar a su nombre actividades de Intermediación de Seguros o de Fianzas;

XI.   **Apoderado de Intermediario de Reaseguro,** la persona física, que haya obtenido la cédula correspondiente ante la Comisión y que cuenta con un poder otorgado por un Intermediario de Reaseguro para intervenir en la colocación de Reaseguro o de Reafianzamiento, con capacidad suficiente para obligar a dicho Intermediario de Reaseguro;

XII.   **Asegurado de Garantía Financiera,** tratándose de los seguros de garantía financiera a que se refiere la fracción XIV del artículo 27 de la LISF, la institución o entidad responsable del pago del principal y, en su caso, accesorios o cualquier otro concepto, con respecto a una Emisión Asegurada;

XIII.   **Asesoría de Inversiones,** proporcionar por parte de las Instituciones de Seguros, de manera oral o escrita, recomendaciones o consejos personalizados a un cliente, que le sugieran la toma de decisiones de inversión sobre uno o más productos financieros, lo cual puede realizarse a solicitud de dicho cliente o por iniciativa de la propia Institución de Seguros. En ningún caso se entenderá que la realización de las operaciones provenientes de la Asesoría de Inversiones es Ejecución de Operaciones, aun cuando exista una instrucción del cliente;

XIV.   **Autenticación,** el conjunto de técnicas y procedimientos utilizados para verificar la identidad de:

a)   Un Usuario y su facultad para realizar Operaciones Electrónicas, o

b)   Una Institución o Sociedad Mutualista y su facultad para recibir instrucciones a través de Medios Electrónicos;

XV.   **Base de Inversión,** la suma de las reservas técnicas de las Instituciones y Sociedades Mutualistas, la cual, en el caso de las Instituciones de Seguros, incluirá adicionalmente las primas en depósito, los recursos de los fondos del seguro de vida inversión y los relativos a las operaciones a que se refieren las fracciones XXI y XXII del artículo 118 de la LISF; y en el caso de las Sociedades Mutualistas, el fondo social y el fondo de reserva a que se refiere el artículo 353 de la LISF;

XVI. **Base Neta de Inversión,** el monto que resulte de deducir a la Base de Inversión de las Instituciones y Sociedades Mutualistas, los Importes Recuperables de Reaseguro determinados conforme a lo previsto en el artículo 230 de la LISF;

XVII. **Beneficiario de un Seguro de crédito a la vivienda,** tratándose de los seguros de crédito a la vivienda a que se refiere la fracción XIII del artículo 27 de la LISF, el Intermediario Financiero titular de los derechos de los Créditos de Vivienda Asegurados, en términos de lo previsto en el contrato de seguro de crédito a la vivienda respectivo;

XVIII. **Beneficiario de Pensión,** tratándose de los Seguros de Pensiones, las personas relacionadas con el Trabajador Asegurado o Pensionado que las disposiciones legales y administrativas que rijan la operación de los institutos o entidades de seguridad social determinen como beneficiarios de una pensión;

XIX. Beneficios Adicionales, tratándose de los Seguros de Pensiones, las prestaciones definidas como tales en las Metodologías de Cálculo, para las Pólizas del Nuevo Esquema Operativo. En el caso de Pólizas Anteriores al Nuevo Esquema Operativo, la prestación definida en la nota técnica que al efecto se haya registrado ante la Comisión;

XX. **Beneficios Básicos de Pensión,** tratándose de los Seguros de Pensiones, las prestaciones establecidas en las disposiciones legales y administrativas que rijan la operación de los institutos o entidades de seguridad social, a favor de los Trabajadores Asegurados y Beneficiarios de Pensión;

XXI. **Bolsa,** las sociedades que obtengan concesión de la Secretaría para actuar como bolsa de valores, de conformidad con lo previsto en la Ley del Mercado de Valores;

XXII. **Bonos Gubernamentales,** tratándose de los seguros de garantía financiera a que se refiere la fracción XIV del artículo 27 de la LISF, la Emisión Asegurable que:

a) Sea emitida o garantizada por el Gobierno Federal, o emitida por el Banco de México;

b)   Sea emitida por los gobiernos de las entidades federativas o de los municipios del país;

c)   Sea emitida por empresas productivas del Estado, organismos descentralizados, empresas de participación estatal mayoritaria o fideicomisos públicos, como se definen en la Ley Orgánica de la Administración Pública Federal;

d)   Sea emitida por organismos descentralizados, empresas de participación estatal mayoritaria o fideicomisos públicos, de los gobiernos de las entidades federativas o de los municipios, o

e)   Sean emitidos por fideicomisos y que los ingresos derivados de la emisión respectiva sean recibidos por los sujetos a que se refieren los incisos b), c) o d) de esta fracción;

XXIII. **Cambio en el Estatus del Grupo Familiar**, tratándose de los Seguros de Pensiones, la modificación en la composición familiar del Pensionado, así como la condición de riesgo inherente a cada integrante o en cualquier otro elemento que implique la modificación en el monto del Beneficio Básico de Pensión que reciba;

XXIV. **Centro de Aplicación de Exámenes**, la persona moral que sea designada por la Comisión, conforme a lo dispuesto en el Reglamento de Agentes de Seguros y de Fianzas y a las presentes Disposiciones, para acreditar la capacidad técnica de los interesados en obtener la autorización o refrendo para el ejercicio de la actividad de Agente Persona Física o Apoderado de Agente Persona Moral;

XXV. **Centro de Certificación**, la persona moral designada por la Comisión, con el acuerdo de su Junta de Gobierno, conforme a lo dispuesto en el Reglamento de Agentes de Seguros y de Fianzas y a las presentes Disposiciones, para certificar la capacidad técnica de los interesados para obtener la autorización o refrendo para el ejercicio de la actividad de Agente Persona Física o Apoderado de Agente Persona Moral;

XXVI. **Cifrado**, el mecanismo que deberán utilizar las Instituciones y Sociedades Mutualistas para proteger la confidencialidad de información mediante métodos criptográficos en los que se utilicen algoritmos y llaves de encripción;

XXVII.**Clave de Usuario,** el identificador o nombre de usuario que, en conjunto con su Contraseña, autentifica a un usuario en un Medio Electrónico o en una Operación Electrónica;

XXVIII.   **Clientes Sofisticados**, a la persona que mantenga en promedio durante los últimos doce meses, inversiones en valores en una o varias Instituciones de Seguros, instituciones de crédito y casas de bolsa, por un monto igual o mayor a 3'000,000 (tres millones) de UDI, o que haya obtenido en cada uno de los últimos dos años, ingresos brutos anuales iguales o mayores a 1'000,000 (un millón) de UDI;

XXIX. **Colateral,** cualesquiera de los siguientes bienes o derechos con los que una Institución de Seguros cuente como respaldo adicional para hacer frente a las obligaciones que deriven de una póliza de seguro de garantía financiera a que se refiere la fracción XIV del artículo 27 de la LISF, que aquélla haya emitido:

a)   Dinero en efectivo;

b)   El monto nominal de cartas de crédito que:

1)   Sean irrevocables;

2)   Sean emitidas y confirmadas a favor de la Institución de Seguros por una institución de crédito nacional o extranjera que cuente con una calificación crediticia de largo plazo de rango de grado de inversión otorgada por una agencia calificadora internacional;

3)   Sean emitidas por entidades que no guarden relación o vínculos patrimoniales o de responsabilidad con el Emisor o con el Asegurado de Garantía Financiera. Se entenderá como relación o vínculo patrimonial o de responsabilidad, el que exista entre el Emisor o el Asegurado de Garantía Financiera, y las siguientes personas:

i.   Las personas morales que sean parte del Grupo Empresarial o Consorcio al que pertenezcan el Emisor o el Asegurado de Garantía Financiera;

ii. Las personas morales que controlen o tengan influencia significativa en una persona moral que forme parte del Grupo Empresarial o Consorcio al que el Emisor o el Asegurado de Garantía Financiera pertenezcan, y

iii. Las personas morales sobre las cuales alguna de las personas a que se refiere los incisos i y ii anteriores, ejerzan el Control o Influencia Significativa.

Para los efectos de este numeral será aplicable, en lo conducente, lo previsto en las fracciones II, III, X y XI, del artículo 2 de la Ley del Mercado de Valores;

4) Establezcan la obligación de reembolsar a la Institución de Seguros el monto de pagos que le sean requeridos a ésta al amparo de una póliza de seguro de garantía financiera que emita;

5) Identifiquen a la Institución de Seguros, o a cualquier sucesor legal o causahabiente de ésta, incluyendo a cualquier tipo de liquidador, o al Asegurado de Garantía Financiera respecto de la Emisión Asegurada, como beneficiaria de la misma;

6) Establezcan de manera explícita que la validez de la obligación contenida en las mismas no es contingente, ni se halla sujeta a ningún tipo de reembolso por parte de la Institución de Seguros;

7) Contengan fechas de emisión y expiración, y

8) Garanticen una vigencia igual a la de la póliza de seguro de garantía financiera emitida por la Institución de Seguros, a la que están referidas o establezcan que no expirarán dentro de los treinta días naturales siguientes a la notificación por escrito al beneficiario y se harán efectivas en caso de que las mismas no se renueven, se prorroguen o sustituyan, de manera previa a su fecha de expiración;

c) Valores, títulos o documentos, considerados a su valor de mercado, que mantengan una calificación crediticia de rango de Grado de Inversión, con excepción de aquéllos emitidos o garantizados por los propios Emisores de valores, títulos o documentos objeto de la cobertura del seguro de garantía financiera de que se trate, o por las instituciones, entidades o fideicomisos responsables del pago del principal y, en su caso, accesorios o cualquier otro concepto con respecto a dichos valores, títulos o documentos o la propia emisión, salvo que, en cualquiera de esos casos, se trate del Gobierno Federal;

d)   Los flujos de efectivo de valores, títulos o documentos que no hubieran sido incluidos en la categoría referida en el inciso c) anterior; que no sean exigibles antes de las fechas calendarizadas para su pago; que cuenten con un calendario de pagos que sea consistente con el calendario de pagos esperados del servicio de la deuda de la Emisión Asegurada de que se trate (incluyendo redenciones o prepagos calendarizados), y que:

1)   Dichos valores, títulos o documentos sean emitidos o garantizados por el Gobierno Federal, o emitidos por el Banco de México, o

2)   Que en el caso de Emisiones Aseguradas denominadas en moneda extranjera, ésta corresponda a la de los países miembros de la Organización para la Cooperación y Desarrollo Económicos, y los valores, títulos o documentos sean emitidos por los gobiernos o bancos centrales de dichos países y cuenten con Grado de Inversión, y

e)   Otras que la Comisión determine como tales;

XXX. **Comercialización o Promoción,** proporcionar por parte de las Instituciones de Seguros, a través de sus apoderados para celebrar operaciones con el público y por cualquier medio, recomendaciones generalizadas con independencia del perfil del cliente, sobre los servicios que la propia Institución de Seguros proporcione, o bien, para realizar operaciones de compra, venta o reporto sobre los valores que se detallan en el Anexo 8.22.4 de las presentes Disposiciones. Las Instituciones de Seguros podrán Comercializar o Promover valores distintos de los señalados en el referido Anexo 8.22.4, siempre que se trate de Clientes Sofisticados;

XXXI. **Comisión,** la Comisión Nacional de Seguros y Fianzas;

XXXII. **Comisiones o Compensaciones Directas,** los pagos que correspondan a los Agentes o a las personas morales a las que se refiere el artículo 102 de la LISF, que participen en la Intermediación de Seguros o de Fianzas o que intervengan en la contratación, según corresponda, de un producto de seguro o de una fianza, considerados dentro de los costos de adquisición en el diseño del mismo;

XXXIII. **Consorcio,** el conjunto de personas morales vinculadas entre sí por una o más personas que, integrando un Grupo de Personas, tengan el Control de las primeras;

XXXIV. **Consorcios de Seguros y de Fianzas,** las sociedades organizadas conforme a lo previsto en el artículo 90 de la LISF;

XXXV.**Contraseña**, la cadena de caracteres que autentica a un Usuario en un Medio Electrónico o en una Operación Electrónica;

XXXVI. **Contrato de Reaseguro Automático,** el contrato de Reaseguro o de Reafianzamiento que celebre, por una parte, una Institución cedente y, por la otra, una o varias Instituciones, Reaseguradoras Extranjeras o entidades reaseguradoras o reafianzadoras del extranjero, con relación a los riesgos o responsabilidades que suscriba la Institución cedente durante un período de vigencia pactado, y en el que se comparten responsabilidades, primas, y siniestros, de manera proporcional, o bien que protege la retención de la Institución cedente, estableciéndose un costo a cargo de la misma;

XXXVII. **Contrato de Reaseguro Facultativo,** el contrato para la colocación de Reaseguro o Reafianzamiento proporcional o no proporcional que realiza una Institución cedente bajo la modalidad de riesgo por riesgo;

XXXVIII. **Control,** la capacidad de imponer, directa o indirectamente, decisiones en las asambleas generales de accionistas de una Institución; mantener la titularidad de derechos que permitan, directa o indirectamente, ejercer el voto respecto de más del 50% del capital social de la Institución de que se trate, dirigir, directa o indirectamente, la administración, la estrategia o las principales políticas de la Institución, ya sea a través de la propiedad de valores o por cualquier otro acto jurídico;

XXXIX. **Créditos a la Vivienda,** los créditos que otorguen las Instituciones y Sociedades Mutualistas destinados a la adquisición, construcción, reparación y mejoras de bienes inmuebles, sin fines de especulación comercial, que tengan garantía hipotecaria o fiduciaria sobre esos bienes u otros bienes inmuebles o inmovilizados, para uso habitacional y ubicados en el territorio nacional, los cuales podrán ser otorgados únicamente a personas físicas;

XL. **Crédito de Vivienda Asegurable,** tratándose de los seguros de crédito a la vivienda a que se refiere la fracción XIII del artículo 27 de la LISF, cualquier crédito, incluido cualquiera extendido por concepto de refinanciamiento, otorgado con garantía real y preferente, incluyendo aquella otorgada a través de un fideicomiso de garantía, destinado a la adquisición de vivienda nueva terminada o usada, localizada en territorio nacional y que, durante la vigencia del crédito cuente con la cobertura de un seguro de daños sobre el respectivo Inmueble objeto de dicha garantía, así como de un seguro de vida que cubra el pago del saldo insoluto de dicho crédito en caso de fallecimiento o incapacidad total y permanente del Acreditado de un Crédito de Vivienda Asegurado;

XLI. **Crédito de Vivienda Asegurado,** cualquier Crédito de Vivienda Asegurable cubierto por una Institución de Seguros al amparo de un contrato de seguro de crédito a la vivienda a los que se refiere la fracción XIII del artículo 27 de la LISF;

XLII. **Créditos Comerciales,** los créditos que otorguen las Instituciones y Sociedades Mutualistas a personas morales o personas físicas con actividad empresarial y destinados a su giro comercial, que tengan como garantía:

a) Prenda de títulos o valores de aquéllos que pueden adquirir dichas Instituciones y Sociedades Mutualistas;

b) Garantía hipotecaria;

c) Garantía fiduciaria sobre bienes inmuebles o inmovilizados ubicados en el territorio nacional, o

d) Garantía quirografaria;

XLIII. **Créditos Quirografarios,** los créditos que otorguen las Instituciones y Sociedades Mutualistas a sus empleados o pensionados con motivo del ejercicio de prestaciones laborales que otorguen de manera general, así como a sus asegurados, con garantía quirografaria;

XLIV. **Desbloqueo de Factores de Autenticación,** el proceso mediante el cual la Institución o Sociedad Mutualista habilita el uso de un Factor de Autenticación que se encontraba bloqueado;

XLV. **Directivo Relevante,** el director general de las Instituciones, así como las personas físicas que, ocupando un empleo, cargo o comisión en aquéllas o en las personas morales que controlen dichas Instituciones o que la controlen, adopten decisiones que trasciendan de forma significativa en la situación administrativa, financiera, técnica, operaciones o jurídica de la Institución de que se trate o del Grupo Empresarial al que ésta pertenezca;

XLVI. **Dispositivo de Acceso,** el equipo que permite a un Usuario acceder a la realización de Operaciones Electrónicas;

XLVII. **Ejecución de Operaciones,** a la recepción de instrucciones, transmisión y ejecución de órdenes, en relación con uno o más valores o instrumentos financieros derivados, estando la Institución de Seguros obligada a ejecutar la operación exactamente en los mismos términos en que fue instruida por el cliente;

XLVIII. **Emisión Asegurable,** tratándose de los seguros de garantía financiera a que se refiere la fracción XIV del artículo 27 de la LISF, la emisión de valores, títulos de crédito o documentos que sean objeto de oferta pública o de intermediación en el mercado de valores en términos de la Ley del Mercado de Valores, que cuente con las autorizaciones o aprobaciones de las autoridades respectivas de conformidad con la legislación aplicable;

XLIX. **Emisión Asegurada,** los valores, títulos o documentos objeto de una Emisión Asegurable que cuenten con la cobertura de un seguro de garantía financiera a los que se refiere la fracción XIV del artículo 27 de la LISF;

L. **Emisor,** tratándose de los seguros de garantía financiera a que se refiere la fracción XIV del artículo 27 de la LISF, la persona moral que solicite y, en su caso, obtenga y mantenga la inscripción en el Registro Nacional de Valores de una Emisión Asegurable o de una Emisión Asegurada, quedando comprendidas las instituciones fiduciarias cuando actúen con el referido carácter, únicamente respecto del patrimonio fideicomitido que corresponda;

LI. **Enganche,** el importe positivo que resulte de la diferencia entre el Valor de la Vivienda y el importe del crédito a la vivienda otorgado por los Intermediarios Financieros que sea objeto de un seguro en términos de lo previsto en la fracción XIII del artículo 27 de la LISF, en la fecha de otorgamiento del crédito;

LII.   **Esquema de Cobertura en Paso y Medida** (Pari-Passu), el esquema contractual, bajo la figura de garantía o de seguro, a través del cual el beneficiario o acreditante mitiga la pérdida derivada del incumplimiento por la falta de pago de su acreditado al recibir por parte del proveedor de la cobertura un porcentaje del saldo del crédito en cuestión, con el fin de cubrir en la proporción convenida, las pérdidas derivadas de un crédito;

LIII.   **Esquema de Cobertura de Primeras Pérdidas**, el esquema contractual, bajo la figura de garantía o de seguro, a través del cual el beneficiario o acreditante mitiga la pérdida derivada del incumplimiento por la falta de pago de su acreditado al recibir por parte del proveedor de la cobertura un porcentaje del saldo del crédito en cuestión, a fin de cubrir con un monto limitado las primeras pérdidas derivadas del crédito, una vez que se actualicen los términos y condiciones pactados para el reclamo de la garantía o del seguro;

LIV.   **Estatus del Grupo Familiar,** tratándose de los Seguros de Pensiones, la composición familiar del Pensionado, así como la condición de riesgo inherente a cada integrante o elemento que afecte el monto del Beneficio Básico de Pensión;

LV.   **Estrategia de Inversión,** al conjunto de orientaciones elaboradas por la Institución de Seguros para proporcionar Servicios de Inversión Asesorados a sus clientes, con base en las características y condiciones de los mercados, valores e instrumentos financieros derivados en los que se pretenda invertir;

LVI.   **Factor de Autenticación,** el mecanismo de Autenticación, tangible o intangible, basado en las características físicas del Usuario, en dispositivos o información que solo el Usuario posea o conozca. Estos mecanismos pueden incluir:

a)   Información que el Usuario conozca y que la Institución o Sociedad Mutualista valide a través de cuestionarios practicados por operadores de centros de atención telefónica;

b) Información que solamente el Usuario conozca, tales como Contraseñas y Números de Identificación Personal (NIP);

c) Información contenida o generada en medios o dispositivos respecto de los cuales el Usuario tenga posesión, tales como dispositivos o mecanismos generadores de Contraseñas dinámicas de un solo uso y Tarjetas con Circuito Integrado, que tengan propiedades que impidan la duplicación de dichos medios, dispositivos o de la información que estos contengan o generen, o

d) Información del Usuario derivada de sus características físicas, tales como huellas dactilares, geometría de la mano o patrones en iris o retina, siempre que dicha información no pueda ser duplicada y utilizada posteriormente;

LVII. **Fecha Valor de la Cesión,** la fecha acordada para llevar a cabo la cesión de una cartera de riesgos en vigor correspondiente a contratos de seguro, Reaseguro o Reafianzamiento;

LVIII. **Fideicomiso de Contragarantía,** los fideicomisos constituidos por instituciones de banca de desarrollo, cuyas actividades se limitan a garantizar, total o parcialmente a través del Esquema de Primeras Pérdidas, las garantías otorgadas por dichas instituciones o sus fideicomisos y que cumplen con las condiciones siguientes:

a) La institución de banca de desarrollo que lo constituye debe fungir como fiduciaria y como uno de los fideicomitentes o bien, como fideicomitente único;

b) La institución de banca de desarrollo cuente con garantía expresa del Gobierno Federal;

c) El fideicomiso se encuentre registrado en el sistema de control y transparencia de fideicomisos de la Secretaría;

d) El patrimonio del fideicomiso sea constituido con efectivo;

e) Los fondos líquidos del fideicomiso son invertidos en instrumentos de deuda garantizados o avalados por el gobierno federal o por instituciones de crédito, o bien en reportos de papel gubernamental o bancario; en el caso de inversiones en directo o reporto de papel bancario, las contrapartes deberán contar con una calificación crediticia emitida por una Institución Calificadora de Valores, igual o mejor al grado de riesgo 3 del Anexo 6.7.8, y

f) El importe efectivamente garantizado por el fideicomiso sea menor a su patrimonio;

LIX. **Filial,** la sociedad anónima mexicana autorizada para organizarse y operar conforme a la LISF como Institución y en cuyo capital participe una Institución Financiera del Exterior o una Sociedad Controladora Filial;

LX. **Financiamiento,** el acto jurídico por escrito o tácito mediante el cual se transfiere la propiedad de dinero o cualquier bien fungible cuantificable en términos monetarios y del cual existe la obligación de devolver otro tanto de la misma especie y calidad, pudiendo establecerse una tasa de interés y un plazo determinables;

LXI. **Fondo Especial de Pensiones,** el fideicomiso constituido para cada uno de los regímenes de seguridad social en términos de lo previsto en el artículo 275 de la LISF;

LXII. **Fondo Especial de Seguros de No-Vida,** el fideicomiso constituido en términos del inciso b) de la fracción I del artículo 274 de la LISF;

LXIII. **Fondo Especial de Seguros de Vida**, el fideicomiso constituido en términos del inciso a) de la fracción I del artículo 274 de la LISF;

LXIV. **Fondos Propios Admisibles,** los fondos propios, determinados como el excedente de los activos respecto de los pasivos de las Instituciones, que, de conformidad con lo previsto en los artículos 241 a 244 de la LISF, sean susceptibles de cubrir su RCS;

LXV. **Garantías Bajo el Esquema de Primeras Pérdidas,** las garantías que se aplican en favor de uno o más acreedores, a fin de cubrir en su favor un monto limitado de reservas preventivas que genera un portafolio con un número determinado de créditos, una vez que se actualicen los términos y condiciones pactados para la exigibilidad de la garantía;

LXVI. **Garantías en Paso y Medida (Pari-Passu),** las garantías que se aplican en favor de una pluralidad de acreedores en la proporción convenida por las partes ante el incumplimiento de un crédito;

LXVII. **Gestión de Inversiones,** a la toma de decisiones de inversión por cuenta de los clientes a través de la administración de cuentas que realice la Institución de Seguros, al amparo de contratos en los que en todo caso se pacte el manejo discrecional de dichas cuentas;

LXVIII. **Grabación,** el acto mediante el cual un libro, registro o documento original, es transformado a una imagen en formato digital en medio óptico o magnético, utilizando equipos y programas de cómputo diseñados para tal efecto;

LXIX. **Grado de Inversión,** la calificación crediticia otorgada por una Institución Calificadora de Valores a una Emisión Asegurable de un mismo Emisor, la cual es igual o mayor a la mínima señalada en la Tabla 8.2.5 de estas Disposiciones;

LXX. **Grupo de Personas,** las personas que tengan acuerdos, de cualquier naturaleza, para tomar decisiones en un mismo sentido. Se presume, salvo prueba en contrario, que constituyen un Grupo de Personas:

a) Las personas que tengan parentesco por consanguinidad, afinidad o civil hasta el cuarto grado, los cónyuges, la concubina y el concubinario, y

b) Las sociedades que formen parte de un mismo Consorcio o Grupo Empresarial y la persona o conjunto de personas que tengan el Control de dichas sociedades;

LXXI. **Grupo Empresarial,** el conjunto de personas morales organizadas bajo esquemas de participación directa o indirecta del capital social, en las que una misma sociedad mantiene el Control de dichas personas morales. Asimismo, se considerarán como Grupo Empresarial a los grupos financieros constituidos conforme a la Ley para Regular las Agrupaciones Financieras;

LXXII. **Identificador de Usuario,** la cadena de caracteres, información de un dispositivo o cualquier otra información que conozca tanto la Institución o Sociedad Mutualista como el Usuario, que permita reconocer la identidad del propio Usuario para la realización de Operaciones Electrónicas;

LXXIII. **Importes Recuperables de Reaseguro**, los importes recuperables procedentes de los contratos de Reaseguro y Reafianzamiento, así como de otros que incluyan mecanismos de transferencia de riesgos o responsabilidades previstos en el artículo 230 de la LISF y que cumplan con lo previsto en el Capítulo 8.20 de estas Disposiciones;

LXXIV.	**Incumplimiento,** tratándose de los seguros de crédito a la vivienda a que se refiere la fracción XIII del artículo 27 de la LISF, la falta de pago, en tiempo y forma, por parte del Acreditado de un Crédito de Vivienda Asegurado, del principal y, en su caso, intereses ordinarios del Crédito de Vivienda Asegurado; o, tratándose de los seguros de garantía financiera a que se refiere la fracción XIV del artículo 27 de la LISF, la falta de pago, en tiempo y forma, conforme lo pactado, por parte del Asegurado a los Tenedores, del principal, accesorios o cualquier otro concepto con respecto a una Emisión Asegurada;

LXXV. **Información Sensible del Usuario,** la información personal del Usuario que contenga nombres, domicilios, teléfonos o direcciones de correo electrónico, en conjunto con información respecto de los contratos celebrados con la Institución o Sociedad Mutualista, Identificadores de Usuarios o información de Autenticación;

LXXVI.	**Influencia Significativa**, la titularidad de derechos que permitan, directa o indirectamente, ejercer el voto respecto de cuando menos el 20% del capital social de una persona moral;

LXXVII. **Inmueble,** tratándose de los seguros de crédito a la vivienda a que se refiere la fracción XIII del artículo 27 de la LISF, el bien inmueble objeto de la garantía real y preferente que garantice el Crédito de Vivienda Asegurado;

LXXVIII. **Institución,** la Institución de Seguros y la Institución de Fianzas;

LXXIX.	**Institución Calificadora de Valores,** la institución calificadora de valores autorizada por la Comisión Nacional Bancaria y de Valores para organizarse y operar con tal carácter, en términos de la Ley del Mercado de Valores;

LXXX. **Institución de Fianzas,** la sociedad anónima autorizada para organizarse y operar conforme a la LISF como institución de fianzas, siendo su objeto el otorgamiento de fianzas a título oneroso;

LXXI. **Institución de Seguros**, la sociedad anónima autorizada para organizarse y operar conforme a la LISF como institución de seguros, siendo su objeto la realización de operaciones en los términos del artículo 25 de la LISF;

LXXII. **Institución Financiera del Exterior**, la entidad financiera constituida en un país con el que México haya celebrado un tratado o acuerdo internacional, en virtud del cual se permita el establecimiento en territorio nacional de Filiales;

LXXIII. **Intermediación de Seguros o de Fianzas**, intercambio de propuestas y aceptaciones para la celebración de contratos de seguros o de fianzas, así como su comercialización y asesoramiento para celebrarlos, conservarlos, modificarlos, renovarlos o cancelarlos;

LXXIV. **Intermediario de Reaseguro**, la persona moral domiciliada en el país, autorizada conforme a la LISF para intermediar en la realización de operaciones de Reaseguro y de Reafianzamiento;

LXXV. **Intermediario Financiero**, el intermediario financiero o la entidad dedicada al financiamiento a la vivienda facultado para otorgar Créditos de Vivienda Asegurables, en términos de la legislación aplicable;

LXXXVI. **LISF,** la Ley de Instituciones de Seguros y de Fianzas;

LXXXVII. **Medios Electrónicos**, los equipos, medios ópticos o de cualquier otra tecnología, sistemas automatizados de procesamiento de datos y redes de telecomunicaciones, ya sean públicos o privados, a que se refiere el artículo 214 de la LISF;

LXXXVIII. **Mensajes de texto SMS,** los mensajes de texto disponible para su envío en servicios de telefonía móvil;

LXXXIX. **Metodologías de Cálculo**, tratándose de los Seguros de Pensiones, los procedimientos de cálculo para la determinación del Monto Constitutivo aprobados por el Comité al que se refiere el artículo 81 de la Ley de los Sistemas de Ahorro para el Retiro;

XC. **Microfilmación,** el acto mediante el cual un libro, registro o documento original, es filmado en una película;

XCI. **Microseguros,** los productos de seguros que se ubiquen dentro de algunas de las operaciones de vida, de daños o de accidentes y enfermedades, con excepción de los seguros a los que se refieren las fracciones II, XI, XII, XIII y XIV del artículo 27 de la LISF, y que tengan como propósito promover el acceso de la población de bajos ingresos a la protección del seguro mediante la utilización de medios de distribución y operación de bajo costo;

XCII. **Monto Asegurado en Riesgo de Garantía Financiera,** tratándose de los seguros de garantía financiera a que se refiere la fracción XIV del artículo 27 de la LISF, el monto de principal, accesorios o cualquier otro concepto cubiertos por una póliza vigente de seguro de garantía financiera, que se mantienen en riesgo en virtud de no haber caído en alguno de los supuestos de Incumplimiento;

XCIII. **Monto Constitutivo,** la cantidad de dinero determinada de conformidad con las Metodologías de Cálculo, transferida por el instituto o entidad de seguridad social de que se trate, o en su caso la Administradora de Fondos para el Retiro o el Fondo Nacional de Pensiones de los Trabajadores al Servicio del Estado, a la Institución de Seguros elegida por el trabajador para contratar los Seguros de Pensiones;

XCIV. **Oficina de Representación,** la oficina de representación de una Reaseguradora Extranjera que haya obtenido autorización para establecerse en el territorio nacional y realizar actividades conforme a la LISF y a las presentes Disposiciones;

XCV. **Oficio de Requerimiento,** el que emita la unidad administrativa competente de la Comisión de acuerdo con su Reglamento Interior, para la atención de Requerimientos de información y documentación debidamente fundados y motivados que reciba de la Procuraduría General de la República, la autoridad judicial federal y las autoridades fiscales y administrativas federales, a fin de gestionar a favor de esas autoridades la entrega de información y documentación relativa a las operaciones y servicios financieros que las Instituciones y Sociedades Mutualistas celebren con personas determinadas.

La colaboración y auxilio a autoridades diversas de las señaladas en el párrafo precedente, se prestará cuando esas autoridades funden y motiven debidamente sus Requerimientos destinados a las Instituciones y Sociedades Mutualistas, y, conforme a la legislación que rige a dichas autoridades, acrediten tener facultades para formularlos por conducto de la Comisión;

XCVI. **Operaciones de Intermediación de Reaseguro o Reafianzamiento**, los actos orientados a la celebración del contrato de Reaseguro o Reafianzamiento, comprendidos en cualquiera de las fracciones II a IV de la Disposición 35.3.10, en cuya relación jurídica participa de manera previa una persona moral autorizada por la Comisión, denominada Intermediario de Reaseguro, cuya actividad consiste en mediar entre la cedente y cesionaria a fin de que éstas lleguen a la celebración del negocio jurídico de que se trata, sin que el Intermediario de Reaseguro forme parte de la relación contractual, cumpliendo de esta manera con su objeto social al actuar como Intermediario de Reaseguro en la contratación de Reaseguro y Reafianzamiento, en los términos de lo establecido en la fracción III de la Disposición 35.1.2, así como realizar las actividades necesarias para el cumplimiento de su objeto, las cuales constituyen una actividad vinculada al mismo pero que solamente serán consideradas como operación de intermediación de Reaseguro o Reafianzamiento cuando concluyan en la celebración de un contrato de Reaseguro o de Reafianzamiento, identificándose como tales actividades, la asesoría técnica o comercial para la contratación del Reaseguro o Reafianzamiento, o para la atención de este negocio, así como el ofrecimiento del Reaseguro o Reafianzamiento, su promoción y, en su caso, la renovación del mismo;

XCVII. **Operaciones Electrónicas**, el conjunto de operaciones y servicios que las Instituciones y Sociedades Mutualistas realicen con sus clientes a través de Medios Electrónicos;

XCVIII. **Operaciones Electrónicas de Audio Respuesta**, las Operaciones Electrónicas mediante las cuales la Institución o Sociedad Mutualista recibe instrucciones del Usuario a través de un sistema telefónico, e interactúa con el propio Usuario mediante grabaciones de voz y tonos o mecanismos de reconocimiento de voz, incluyendo los sistemas de respuesta interactiva de voz (IVR);

XCIX. **Operaciones Electrónicas Móviles,** las Operaciones Electrónicas en las cuales el Dispositivo de Acceso consiste en un Teléfono Móvil del Usuario, cuyo número de línea se encuentre asociado al servicio;

C.	**Operaciones "Host to Host",** las Operaciones Electrónicas mediante las cuales se establece una conexión directa entre los equipos de cómputo del Usuario previamente autorizados por la Institución o Sociedad Mutualista y los equipos de cómputo de la propia Institución o Sociedad Mutualista, a través de los cuales estos últimos procesan la información para la realización de servicios y operaciones. Este tipo de servicios incluirán a los proporcionados a través de las aplicaciones conocidas como "Cliente-Servidor";

CI.	**Operaciones Electrónicas por Internet,** las Operaciones Electrónicas efectuadas a través de la red electrónica mundial denominada Internet, en el sitio que corresponda a uno o más dominios de la Institución o Sociedad Mutualista, incluyendo el acceso mediante el protocolo WAP o alguno equivalente;

CII.	**Operaciones Telefónicas Voz a Voz**, las Operaciones Electrónicas mediante las cuales un Usuario instruye vía telefónica a través de un empleado o representante de la Institución o Sociedad Mutualista autorizado por ésta, con funciones específicas, el cual podrá operar en un centro de atención telefónica, a realizar operaciones a nombre del propio Usuario;

CIII.	**Operaciones Financieras Derivadas, las que determine el Banco de México,** mediante reglas de carácter general, en que las partes estén obligadas al pago de dinero o al cumplimiento de otras obligaciones de dar, que tengan un bien o valor de mercado como subyacente;

CIV.	**Orden,** las instrucciones que reciban las Instituciones de Seguros, en su calidad de instituciones fiduciarias, de los fideicomitentes, para realizar operaciones de compra o venta de valores inscritos en el Registro Nacional de Valores a que se refiere el Capítulo II de la Ley del Mercado de Valores;

CV.   **Página Web de la Comisión,** el dominio en la red electrónica mundial denominada Internet a cuyo portal principal se accede a través de la dirección electrónica: www.cnsf.gob.mx;

CVI.   **Pagos,** tratándose de los Seguros de Pensiones, la afectación de la nómina por concepto de pago de rentas, aguinaldos, finiquitos o cualquier otra prestación en dinero de los Pensionados.

Bajo este concepto, se incluyen las cuotas y aportaciones que se transfieran a la cuenta individual del pensionado por incapacidad o invalidez en los términos previstos en la Ley del Instituto de Seguridad y Servicios Sociales de los Trabajadores del Estado. Este concepto no integra los pagos vencidos a que se refieren las Metodologías de Cálculo, o las rentas atrasadas por concepto de la aplicación de casos de cambios en el Estatus del Grupo Familiar;

CVII.   **Países Elegibles,** los países cuyas autoridades reguladoras y supervisoras pertenezcan al Comité sobre el Sistema Financiero Global del Banco de Pagos Internacionales (BIS, por sus siglas en inglés), los países de la Unión Europea, los países miembros de la Organización para la Cooperación y el Desarrollo Económicos (OCDE) con los que México tenga tratados de libre comercio vigentes, y los países miembros de la Alianza del Pacífico (AP) con plenos derechos cuyas bolsas de valores pertenezcan al Mercado Integrado Latinoamericano (MILA), conforme a lo que se indica en el Anexo 8.2.2 de estas Disposiciones;

CVIII.   **Pensión,** tratándose de los Seguros de Pensiones, la renta que las Instituciones de Seguros se obligan a entregar periódicamente a los Pensionados, de conformidad con la resolución emitida por el instituto o entidad de seguridad social de que se trate;

CIX.   **Pensionado,** tratándose de los Seguros de Pensiones, el Trabajador Asegurado o Beneficiario de Pensión que, por resolución del instituto o entidad de seguridad social de que se trate, tenga otorgada Pensión;

CX.   **Personas Relacionadas Relevantes,** las personas físicas o morales con domicilio en territorio nacional o en el extranjero, que tengan directa o indirectamente, el veinte por ciento o más del capital social de una Institución de manera individual o colectiva. En todo caso, se entenderá como tenencia accionaria colectiva, aquélla que mantengan directa o indirectamente, en su conjunto:

a) Los cónyuges o las personas físicas que tengan parentesco por consanguinidad o afinidad hasta el segundo grado o civil, y

b) Los fideicomisos cuando la contraparte o fuente de pago dependa de una de las personas físicas o morales señaladas en el primer párrafo de esta fracción y el inciso anterior.

A efecto de considerar que los supuestos señalados en los incisos a) y b) anteriores no son Personas Relacionadas Relevantes, las Instituciones deberán documentar fehacientemente que en dichos supuestos no se actúa de forma concertada ni se mantienen acuerdos, de cualquier naturaleza, para tomar decisiones en un mismo sentido.

Adicionalmente, se considerarán como Personas Relacionadas Relevantes a todas aquellas personas morales que formen parte de un mismo Grupo Empresarial o Consorcio controlado por las personas físicas o morales señaladas en el primer párrafo de esta fracción. No quedarán incluidas en dicho concepto, las entidades financieras que formen parte del grupo financiero al que, en su caso, pertenezca la Institución, o aquellas entidades financieras en las que la Institución tenga una participación accionaria, a menos de que dichas entidades a su vez otorguen cualquier tipo de financiamiento a las personas señaladas en el primer párrafo de la presente fracción;

CXI. **Poder de Mando,** la capacidad de hecho de influir de manera decisiva en los acuerdos adoptados en las asambleas de accionistas o sesiones del consejo de administración o en la gestión, conducción y ejecución de los negocios de una Institución, o de las personas morales que ésta controle. Se presume que tienen Poder de Mando en una Institución, salvo prueba en contrario, las personas que se ubiquen en cualquiera de los supuestos siguientes:

a) Los accionistas que tengan el Control de la administración;

b) Los individuos que tengan vínculos con la Institución de que se trate o las personas morales que integran el Grupo Empresarial o Consorcio al que aquélla pertenezca, a través de cargos vitalicios, honoríficos o con cualquier otro título análogo o semejante a los anteriores;

c)   Las personas que hayan transmitido el Control de la Institución de que se trate bajo cualquier título y de manera gratuita o a un valor inferior al de mercado o contable, en favor de individuos con los que tengan parentesco por consanguinidad, afinidad o civil hasta el cuarto grado, el cónyuge, la concubina o el concubinario, y

d)   Quienes instruyan a consejeros o Directivos Relevantes de la Institución de que se trate, la toma de decisiones o la ejecución de operaciones en la propia Institución o en las personas morales que ésta controle;

CXII. **Políticas de Originación,** el conjunto de políticas y procedimientos que establezca la Institución de Seguros al Intermediario Financiero respecto de la originación de Créditos de Vivienda Asegurables, a fin de que éstos sean susceptibles de la cobertura del seguro de crédito a la vivienda a que se refiere la fracción XIII del artículo 27 de la LISF. Para estos efectos se entenderá por originación de Créditos de Vivienda Asegurables a los actos jurídicos mediante los cuales un Intermediario Financiero otorga Créditos de Vivienda Asegurables, incluyendo los actos o actividades previos a su otorgamiento;

CXIII. **Pólizas Anteriores al Nuevo Esquema Operativo**, tratándose de los Seguros de Pensiones, las pólizas de Seguros de Pensiones derivadas de la Ley del Seguro Social cuyas ofertas no hayan sido emitidas mediante el Sistema Administrador de Ofertas y Resoluciones de los Seguros de Pensiones;

CXIV. **Pólizas del Nuevo Esquema Operativo**, tratándose de los Seguros de Pensiones, las pólizas de Seguros de Pensiones cuyas ofertas hayan sido emitidas mediante el Sistema Administrador de Ofertas y Resoluciones de los Seguros de Pensiones;

CXV. **Pool Atómico,** el mecanismo que surge de convenios internacionales y que tiene como propósito la dispersión de riesgos nucleares, con particularidades que los distinguen de otros procesos de Reaseguro relativos a riesgos tradicionales, haciendo factible para aquellos países que afrontan este tipo de riesgos y que requieren dispersar estas responsabilidades contingentes, la participación de entidades aseguradoras y reaseguradoras de los mismos;

CXVI. **Prima de Riesgo de Pensión,** tratándose de los Seguros de Pensiones, la prima incluyendo los factores inflacionarios, descontada de los recargos que se hayan pactado, menos los pagos vencidos, definidos todos en las Metodologías de Cálculo, calculada con la tasa de interés técnico a que se refieren las Disposiciones 5.8.3 y 5.8.4, deducida de las devoluciones de la reserva de riesgos en curso de Beneficios Básicos de Pensión. La prima a que se refiere esta fracción, incorporará la correspondiente a los cambios en el Estatus del Grupo Familiar;

CXVII. **RCS,** el requerimiento de capital de solvencia de las Instituciones a que se refieren los artículos 232 al 240 de la LISF;

CXVIII. **Reafianzamiento,** el contrato por el cual una Institución, una Reaseguradora Extranjera o una entidad reaseguradora o reafianzadora del extranjero, se obligan a pagar a una Institución, en la proporción correspondiente, las cantidades que ésta deba cubrir al beneficiario de su fianza;

CXIX. **Reaseguradora Extranjera,** la entidad reaseguradora o reafianzadora del extranjero inscrita en el RGRE;

CXX. **Reaseguro,** el contrato en virtud del cual una Institución de Seguros, una Reaseguradora Extranjera o una entidad reaseguradora del extranjero toma a su cargo total o parcialmente un riesgo ya cubierto por una Institución de Seguros o el remanente de daños que exceda de la cantidad asegurada por el asegurador directo;

CXXI. **Reaseguro Financiero**, el contrato en virtud del cual una Institución de Seguros, en los términos de la fracción CXX anterior, realiza una transferencia significativa de riesgo de seguro, pactando como parte de la operación la posibilidad de recibir financiamiento de la entidad reaseguradora; así como el contrato en virtud del cual una Institución de Fianzas, en términos de las fracciones CXVIII y CXX anteriores, realiza una transferencia significativa de responsabilidades asumidas por fianzas en vigor, pactando como parte de la operación la posibilidad de recibir financiamiento de la entidad reaseguradora o reafianzadora;

CXXII.**Reportes de Análisis,** a la información dirigida a los clientes de una Institución de Seguros, que contenga análisis financieros sobre emisoras, valores, instrumentos financieros derivados o mercados;

CXXIII.   **Requerimiento,** el que, con la debida fundamentación y motivación, formule, por conducto de la Comisión, la Procuraduría General de la República, la autoridad judicial federal y las autoridades fiscales y administrativas federales, a fin de gestionar a su favor la entrega de información y documentación relativa a operaciones y servicios financieros que las Instituciones y Sociedades Mutualistas celebren con personas determinadas.

La colaboración y auxilio a autoridades diversas de las señaladas en el párrafo precedente, se prestará cuando esas autoridades funden y motiven debidamente sus Requerimientos destinados a las Instituciones y Sociedades Mutualistas, y, conforme a la legislación que rige a dichas autoridades, acrediten tener facultades para formularlos por conducto de la Comisión;

CXXIV.   **Respuesta Negativa,** la que emita la Institución o Sociedad Mutualista en caso de que no cuente con información o documentación alguna respecto de la persona o personas incluidas en el Requerimiento de que se trate;

CXXV.**Respuesta Positiva**, la que en razón de un Oficio de Requerimiento emita la Institución o Sociedad Mutualista en virtud de que:

a)   Se hubiere localizado total o parcialmente la información o documentación objeto del Requerimiento. En los Requerimientos en los que se solicite información o documentación de más de una persona, se entenderá como localizada parcialmente si se encuentra información o documentación de al menos una de ellas, y

b)   Se hubiere localizado información o documentación de homónimos de los nombres indicados en el Requerimiento y fuera necesario información adicional;

CXXVI.   **RGRE,** el Registro General de Reaseguradoras Extranjeras a que se refiere el artículo 107 de la LISF;

CXXVII. **Riesgo Común,** el riesgo que representen el deudor de una Institución o Sociedad Mutualista, y las personas siguientes:

a) Cuando el deudor sea persona física:

1) Las personas físicas que dependan económicamente de éste;

2) Las personas morales que sean controladas, directa o indirectamente, por el propio deudor, con independencia de que pertenezcan o no a un mismo grupo empresarial o consorcio, o

3) Los parientes por consanguinidad o afinidad hasta el segundo grado o civil; los cónyuges, o los concubinos, y

b) Cuando el deudor sea persona moral:

1) La persona o grupo de personas físicas y morales que actúen en forma concertada y ejerzan, directa o indirectamente, la administración a título de dueño, o el control de la persona moral acreditada;

2) Las personas morales que sean controladas, directa o indirectamente por el propio deudor, con independencia de que pertenezca o no a un mismo Grupo Empresarial y, en su caso, Consorcio, o

3) Las personas morales que pertenezcan al mismo Grupo Empresarial o, en su caso, Consorcio;

CXXVIII. **Secretaría,** la Secretaría de Hacienda y Crédito Público;

CXXIX. **Sesión,** el período en el cual los Usuarios podrán llevar a cabo consultas, operaciones o transacciones, una vez que hayan ingresado al servicio de Operaciones Electrónicas con su Identificador de Usuario;

CXXX. **Seguros de Pensiones,** los seguros de pensiones derivados de las leyes de seguridad social a que se refiere la fracción II del artículo 27 de la LISF;

CXXXI. **Seguros Masivos,** los productos de seguros que se ubiquen dentro de algunas de las operaciones de vida, de daños o de accidentes y enfermedades, con excepción de los seguros a los que se refieren las fracciones II, XI, XII, XIII y XIV del artículo 27 de la LISF, que se formalicen mediante contratos de adhesión, que se comercialicen a un gran número de personas y que cumplan con las siguientes características:

a)   Que la contratación sea efectúe bajo la modalidad de seguro individual;

b)   Que no se trate de Microseguros, y

c)   Que el seguro tenga, al menos, una de las siguientes características:

1)   Que por las circunstancias especiales de los riesgos asegurados, no sea técnica ni operativamente posible suscribir con base en la valoración de las características específicas de cada una de las unidades de riesgo aseguradas, por lo que se omite la valoración basada en cada riesgo y se sustituye por valoraciones de pérdidas agregadas y parámetros promedio, o

2)   Que la mutualidad potencial de riesgos a la que va dirigido el seguro sea suficientemente grande y las sumas aseguradas suficientemente pequeñas y uniformes para que técnicamente no exista un posible efecto de anti-selección, y que para efectos de abaratar los costos se adopten esquemas simplificados de tarificación, suscripción, comercialización e indemnización;

CXXXII. **Servicio Promedio Anual de la Deuda Asegurada,** tratándose de los seguros de garantía financiera a que se refiere la fracción XIV del artículo 27 de la LISF, el monto resultante de dividir el Monto Asegurado en Riesgo de cada Emisión Asegurada y el plazo de maduración en años de la misma. Para efectos de la estimación del Servicio Promedio Anual de la Deuda Asegurada, el plazo de maduración deberá basarse en el calendario de amortización considerado en la Emisión Asegurada y, en el caso de Emisiones Aseguradas en las cuales, dada su estructura o características, dicho calendario de amortización no exista, deberá emplearse el calendario esperado de amortización calculado conforme a los supuestos empleados para la determinación del precio de la Emisión Asegurada;

CXXXIII. **Servicios de Inversión,** a la prestación habitual y profesional a favor de clientes, de Servicios de Inversión Asesorados y Servicios de Inversión no Asesorados;

CXXXIV. **Servicios de Inversión Asesorados,** a la prestación habitual y profesional en favor de clientes, de Asesoría de Inversiones o Gestión de Inversiones;

CXXXV. **Servicios de Inversión no Asesorados**, a la prestación habitual y profesional en favor de clientes, de Comercialización o Promoción, o Ejecución de Operaciones;

CXXXVI. **Sociedad Controladora Filial,** la sociedad mexicana autorizada para constituirse y operar como sociedad controladora en los términos de la Ley para Regular las Agrupaciones Financieras, y en cuyo capital participe una Institución Financiera del Exterior;

CXXXVII. **Sociedad Mutualista,** la sociedad autorizada para organizarse y operar conforme a la LISF con el carácter de sociedad mutualista de seguros;

CXXXVIII. **Solicitante de Pensión,** tratándose de los Seguros de Pensiones, el asegurado que ha cumplido con los requisitos legales para el disfrute de una Pensión, conforme a las disposiciones legales y administrativas relativas a los institutos o entidades de seguridad social;

CXXXIX. **Suscriptor Facultado,** la persona moral que suscribe riesgos en Reaseguro o responsabilidades en Reafianzamiento, en nombre y representación de una o más Reaseguradoras Extranjeras;

CXL. **Tarjeta con Circuito Integrado**, las tarjetas con un circuito integrado o chip, que pueda almacenar información y procesarla con el fin de verificar, mediante procedimientos criptográficos, que la tarjeta y la terminal donde se utiliza son válidas;

CXLI. **Teléfono Móvil,** el Dispositivo de Acceso a servicios de telefonía, que tiene asignado un número único de identificación y utiliza comunicación celular o de radiofrecuencia pública;

CXLII. **Tenedores,** tratándose de los seguros de garantía financiera a que se refiere la fracción XIV del artículo 27 de la LISF, los titulares, propietarios, tenedores o cesionarios finales de valores, títulos o documentos que sean objeto de una Emisión Asegurada o de una Emisión Asegurable;

CXLIII. **Terminal Punto de Venta**, los Dispositivos de Acceso a Operaciones Electrónicas, tales como terminales de cómputo, teléfonos móviles y programas de cómputo;

CXLIV.   **Trabajador Asegurado**, tratándose de los Seguros de Pensiones, el trabajador inscrito ante el instituto o entidad de seguridad social de que se trate, en términos de las disposiciones legales y administrativas aplicables;

CXLV. **Transferencia Cierta de Responsabilidades Asumidas por Fianzas en Vigor,** la transferencia de responsabilidades por fianzas en vigor en donde, previamente, se establecen condiciones que obligan a que el reasegurador o reafianzador participe en una porción de las reclamaciones que enfrente la Institución cedente, cualquiera que sea el monto de dichas reclamaciones, de manera que la participación del reasegurador o reafianzador, ante la ocurrencia de reclamaciones, no es una condición contingente sujeta a los niveles que alcancen las reclamaciones, sino una condición cierta, de forma tal que se tenga la seguridad de que la responsabilidad ha sido transferida realmente a un tercero, atendiendo a los principios establecidos para la constitución y valuación de las reservas técnicas previstos en la LISF y en el Título 5 de las presentes Disposiciones;

CXLVI.   **Transferencia Cierta de Riesgo de Seguro**, la transferencia de riesgo en donde, previamente, se establecen condiciones que obligan a que el reasegurador participe en una porción de los siniestros o reclamaciones que enfrente la Institución o Sociedad Mutualista cedente, cualquiera que sea el monto de dichos siniestros, de manera que la participación del reasegurador, ante la ocurrencia de siniestros, no es una condición contingente sujeta a los niveles que alcance la siniestralidad, sino una condición cierta, de forma tal que se tenga la seguridad de que el riesgo ha sido transferido realmente a un tercero, atendiendo a los principios establecidos para la constitución y valuación de las reservas técnicas previstos en la LISF y en el Título 5 de las presentes Disposiciones;

CXLVII. **Transferencia Significativa de Responsabilidades Asumidas por Fianzas en Vigor,** la transferencia de responsabilidades asumidas por fianzas en vigor en la que, en el contrato de Reafianzamiento respectivo, se cumplen las condiciones siguientes:

a) Que el reasegurador o reafianzador tenga la probabilidad de enfrentar pérdidas como consecuencia directa del comportamiento de los factores técnicos asociados a la suscripción, en los términos siguientes:

1) En el caso de los contratos de cesión proporcional, que al menos en el 20% de los escenarios de pago de reclamaciones el reasegurador o reafianzador deba cubrir a la Institución cedente cuando menos el monto equivalente al 105% de la prima cedida, y

2) En el caso de los contratos de cesión no proporcional, que el valor esperado de las reclamaciones pagadas para el reasegurador o reafianzador, con independencia de la combinación de los porcentajes de escenarios de probabilidad de pago de reclamaciones y montos de pérdida asociados, sea equivalente al de los contratos proporcionales señalado en el numeral 1) anterior.

Para estos efectos se entenderán como factores técnicos aquellos que intervienen en la determinación de la prima base conforme a la nota técnica respectiva, y

b) Que el componente de Financiamiento del contrato de Reaseguro o Reafianzamiento no sea superior a dos veces la prima cedida o el costo del contrato correspondiente al componente de transferencia de responsabilidades asumidas por fianzas en vigor, para cada año del contrato;

CXLVIII. **Transferencia Significativa de Riesgo de Seguro**, la transferencia de riesgo en la que, en el contrato de Reaseguro respectivo, se cumplen las condiciones siguientes:

a) Que el reasegurador tenga la probabilidad de enfrentar pérdidas como consecuencia directa del comportamiento de los factores técnicos asociados a la suscripción, en los términos siguientes:

1) En el caso de los contratos de cesión proporcional, que al menos en el 20% de los escenarios de siniestralidad el reasegurador deba cubrir a la Institución de Seguros cedente cuando menos el monto equivalente al 105% de la prima cedida, y

2)   En el caso de los contratos de cesión no proporcional, que el valor esperado de las pérdidas para el reasegurador, con independencia de la combinación de los porcentajes de escenarios de siniestralidad y montos de pérdida asociados, sea equivalente al de los contratos proporcionales señalado en el numeral 1) anterior.

Para estos efectos, se entenderán como factores técnicos aquéllos que intervienen en la determinación de la prima pura de riesgo conforme a la nota técnica respectiva, y

b)   Que el componente de Financiamiento del contrato de Reaseguro no sea superior a dos veces la prima cedida o el costo del contrato correspondiente al componente de transferencia de riesgo de seguro, para cada año del contrato;

CXLIX.   **UDI,** la Unidad de Inversión, definida como la unidad de cuenta cuyo valor en pesos para cada día publica periódicamente el Banco de México en el Diario Oficial de la Federación, conforme al Decreto publicado en el medio de difusión citado del 1º de abril de 1995;

CL.   **Usuario,** la persona que contrata, utiliza o por cualquier otra causa tenga algún derecho frente a la Institución o Sociedad Mutualista como resultado de la operación o servicio prestado;

CLI.   **Valor de la Vivienda,** al importe que sea menor entre el valor de la operación de compra venta o el valor de avalúo;

CLII.   **Valores Garantizados de Garantía Financiera,** tratándose de los seguros de garantía financiera a que se refiere la fracción XIV del artículo 27 de la LISF, cualquier Emisión Asegurable que cuente con el respaldo de determinados activos señalados en la propia emisión y que no cumpla con las condiciones de los Valores Respaldados por Activos;

CLIII. **Valores Respaldados por Activos,** tratándose de los seguros de garantía financiera a que se refiere la fracción XIV del artículo 27 de la LISF, la Emisión Asegurable en la que:

a)   El Emisor sea la institución fiduciaria de un fideicomiso, un vehículo de propósito especial u otra entidad, o una institución de crédito exclusivamente cuando los valores, títulos o documentos constituyan un riesgo asegurable de garantía financiera. Para estos efectos, se entenderá por riesgo asegurable de garantía financiera, las Emisiones Asegurables de los Valores Respaldados por Activos que, sin considerar la calidad crediticia del Emisor, cuenten con Grado de Inversión;

b)   Un determinado conjunto de activos han sido, por cualquier medio, transferidos o transmitidos al Emisor, o bien que, mediante cualquier medio, han sido adquiridos por éste, y dicho conjunto respalda el pago de los valores, títulos, obligaciones financieras o documentos que integran la Emisión Asegurable, y

c)   Ninguno de los activos que integran el conjunto de aquellos a que se refiere el inciso b) de esta fracción, tiene un valor individual de mercado superior al 20% del valor de mercado de dicho conjunto, con excepción de instrumentos financieros garantizados por el Gobierno Federal, según se definen en las disposiciones aplicables a la inversión de las reservas técnicas de las Instituciones de Seguros a que se refiere el Título 8 de las presentes Disposiciones, o activos que se ubiquen en la definición de Colateral;

CLIV. Vínculo de Negocio, el que derive de la celebración de convenios de inversión en el capital de otras personas morales, en virtud de los cuales se obtenga Influencia Significativa, quedando incluidos cualquier otro tipo de actos jurídicos que produzcan efectos similares a tales convenios de inversión, y

CLV. **Vínculo Patrimonial**, el que derive de la pertenencia por parte de una Institución a un Consorcio o Grupo Empresarial, al que también pertenezca la persona moral a que se refiere el artículo 86 de la LISF.

1.1.2. Los términos señalados en la Disposición 1.1.1 podrán utilizarse en singular o en plural, sin que por ello deba entenderse que cambia su significado.

1.1.3. La Comisión será el órgano competente para interpretar, resolver y aplicar para efectos administrativos lo establecido en las presentes Disposiciones.

Made in the USA
Columbia, SC
23 June 2024

37298972R00150